Rechtliche Fragen bei der Transplantation von
Vascularized Composite Allografts (VCA)

RECHT UND MEDIZIN

Herausgegeben von den Professoren
Dr. Erwin Deutsch (†), Dr. Bernd-Rüdiger Kern, Dr. Thorsten Kingreen,
Dr. Adolf Laufs (†), Dr. Hans Lilie, Dr. Hans-Ludwig Schreiber,
Dr. Andreas Spickhoff

Bd. 131

Zur Qualitätssicherung und Peer Review der vorliegenden Publikation	Notes on the quality assurance and peer review of this publication
Die Qualität der in dieser Reihe erscheinenden Arbeiten wird vor der Publikation durch Herausgeber der Reihe geprüft.	Prior to publication, the quality of the work published in this series is reviewed by editors of the series.

Philip Klusen

Rechtliche Fragen bei der Transplantation von Vascularized Composite Allografts (VCA)

Bibliografische Information der Deutschen Nationalbibliothek
Die Deutsche Nationalbibliothek verzeichnet diese Publikation
in der Deutschen Nationalbibliografie; detaillierte bibliografische
Daten sind im Internet über http://dnb.d-nb.de abrufbar.

Zugl.: Halle-Wittenberg, Univ., Diss., 2018

Cover Design: © Olaf Gloeckler, Atelier Platen

3
ISBN 978-3-631-77361-1 (Print)
E-ISBN 978-3-631-77591-2 (E-PDF)
E-ISBN 978-3-631-77592-9 (EPUB)
E-ISBN 978-3-631-77593-6 (MOBI)
DOI 10.3726/b14984

© Peter Lang GmbH
Internationaler Verlag der Wissenschaften
Berlin 2018
Alle Rechte vorbehalten.

Peter Lang – Berlin · Bern · Bruxelles · New York ·
Oxford · Warszawa · Wien

Das Werk einschließlich aller seiner Teile ist urheberrechtlich
geschützt. Jede Verwertung außerhalb der engen Grenzen des
Urheberrechtsgesetzes ist ohne Zustimmung des Verlages
unzulässig und strafbar. Das gilt insbesondere für
Vervielfältigungen, Übersetzungen, Mikroverfilmungen und die
Einspeicherung und Verarbeitung in elektronischen Systemen.

Diese Publikation wurde begutachtet.

www.peterlang.com

Dissertation

zur Erlangung des Grades eines Doktors der Rechte (Dr. iur.)
der Juristischen und Wirtschaftswissenschaftlichen Fakultät
der Martin-Luther-Universität Halle-Wittenberg
vorgelegt
von
Philip Klusen
aus Hamburg
Professor Dr. iur. Hans Lilie
Professor Dr. med. Björn Nashan
Halle (Saale), 07. August 2018

Inhaltsverzeichnis

Abkürzungsverzeichnis 11

Gender Erklärung 13

A. Einleitung 15
    I. Bedeutung und Entwicklung der Transplantationsmedizin 15
    II. Transplantation von Vascularized Composite Allografts
       (VCA) 20
    III. Gegenstand der Untersuchung 26

B. Medizinethische Aspekte bei der Transplantation
    von VCA 29
    I. Begriffe „Ethik" und „Moral" 29
    II. Medizinethik 29
       1. Prinzipienorientierte Medizinethik 30
          a) Prinzip der Autonomie 31
          b) Prinzip des Nutzens 31
          c) Prinzip des Nichtschadens 32
          d) Prinzip der Gerechtigkeit 32
          e) Bedeutung der Prinzipien für die Transplantation
             von VCA 32
             aa) Zwei Prinzipien im Konflikt 32
                (1) Risiken 33
                   (a) Immunsuppression 33
                   (b) Psychische Belastungen 36
                (2) Nutzen 39
                   (a) Steigerung der Lebensqualität 39
                   (b) Alternativer Einsatz von Prothesen 41
             bb) Autonomie des Patienten 44

cc) Gerechtigkeit gegenüber anderen Beteiligten 45
2. Bewertung 46

C. Gewebe und Organe 47
I. Gewebe 47
  1. Gewebe aus medizinischer Sicht 47
  2. Gewebe aus rechtlicher Sicht 48
     a) Rechtliche Einordnung in der Europäischen Union 48
     b) Rechtliche Einordnung auf nationaler Ebene 52
        aa) Gewebegesetz 52
        bb) Rechtliche Gewebedefinition 53
        cc) Umsetzung der Geweberichtlinie 54
II. Organe 60
  1. Medizinische Organdefinition 60
  2. Rechtliche Behandlung von Organen 61
     a) Rechtliche Behandlung in der Europäischen Union 61
        aa) Organdefinition 61
        bb) Rechtliche Handhabung 62
           (1) Ziel der Richtlinie 62
           (2) Anwendungsbereich 63
           (3) Konkrete Inhalte 63
     b) Rechtliche Behandlung von Organen auf nationaler Ebene 66
        aa) Organdefinition 66
        bb) Rechtliche Handhabung von Organen 69
           (1) Ziel des Gesetzes 69
           (2) Anwendungsbereich 69
           (3) Konkrete Inhalte 70

D. VCA 73
I. Medizinische Einordnung von VCA 73

Inhaltsverzeichnis 9

II. Rechtliche Einordnung von VCA 77
  1. TPG als gesetzliche Grundlage 78
    a) Entstehungsgeschichte des TPG 78
    b) VCA als Organe im Sinne des TPG 83
      aa) Funktionale Einheit 84
        (1) Annahme der funktionalen Einheit bei VCA 85
        (2) Ablehnung der funktionalen Einheit bei VCA ... 86
          (a) Lösung in Anlehnung an die
             EU-Regelungssystematik 90
          (b) VCA als Organ 92
          (c) VCA als eigene Entität 93
        (3) Stellungnahme 93
          (a) Wortlaut 95
          (b) Systematik 96
          (c) Teleologie 99
          (d) Historie 102
          (e) Zwischenergebnis 104
        (4) Indizien 105
          (a) Medizinische Fachliteratur 105
          (b) Rechtliche Behandlung von VCA in
             Frankreich und den USA 105
      bb) Zwischenergebnis 107
      cc) Sonderfall Bauchwandtransplantation 108
  2. Ergebnis 110
III. Konsequenzen 111
  1. Erfordernis sachgerechter Aufklärung 111
    a) Aufklärung der Bevölkerung, § 2 TPG 111
    b) Aufklärung des Patienten 118
  2. Einwilligung und Zustimmung, §§ 3, 4 TPG 121
  3. Achtung der Würde des Menschen, § 6 TPG 125
  4. Koordinierungsstelle, § 11 TPG 127
  5. Organvermittlung, § 12 TPG 129

E. Zusammenfassung 133

Literaturverzeichnis 143

Abkürzungsverzeichnis

aaO.	am angegebenen Ort
Abs.	Absatz
AEUV	Vertrag über die Arbeitsweise der Europäischen Union
a.F.	alte Fassung
AMG	Arzneimittelgesetz
Art.	Artikel
BGH	Bundesgerichtshof
BZgA	Bundeszentrale für gesundheitliche Aufklärung
CDU	Christlich Demokratische Union Deutschlands
CSU	Christlich-Soziale Union in Bayern
CTA	Composite Tissue Allograft
DSO	Deutsche Stiftung Organtransplantation
et al.	et alii, et aliae, und andere
EU	Europäische Union
EUV	Vertrag über die Europäische Union
f.	folgende (Seite)
ff.	folgenden (Seiten)
FDP	Freie Demokratische Partei
GenTG	Gentechnikgesetz
GG	Grundgesetz
GKV-Spitzenverband	Spitzenverband Bund der Krankenkassen
HLA-Antigen	Humanes Leukozyten Antigen
Hrsg.	Herausgeber
iVm.	in Verbindung mit
lit.	littera, Buchstabe
NJW	Neue Juristische Wochenschrift
NStZ	Neue Zeitschrift für Strafrecht
o. V.	ohne Verfasser
S.	Seite
SPD	Sozialdemokratische Partei Deutschland
TFG	Transfusionsgesetz

TPG	Transplantationsgesetz
USA	Vereinigte Staaten von Amerika
VCA	Vascularized Composite Allografts
Vgl.	Vergleiche

Gender Erklärung

Aus Gründen der besseren Lesbarkeit wird in dieser Dissertation die Sprachform des generischen Maskulinums angewendet. Es wird an dieser Stelle darauf hingewiesen, dass die Verwendung der männlichen Form geschlechtsunabhängig verstanden werden soll.

A. Einleitung

I. Bedeutung und Entwicklung der Transplantationsmedizin

Die Transplantation von Organen und Geweben hat in den letzten Jahrzehnten einen hohen Stellenwert in der Medizin erlangt. Schon immer war es eine Vision von Medizinern, mit dem Austausch eines nicht mehr funktionierenden durch ein gesundes Organ Menschenleben zu retten oder die Lebensqualität zu steigern.

So wurde diese Vision bereits in jahrhundertealten Mythen und Legenden beschrieben.[1] Besonders zu erwähnen ist die Legende von Cosmas und Damian, die der Erzählung nach im frühchristlichen Römischen Reich das erkrankte Bein eines Diakons amputierten und durch das Bein eines gerade Verstorbenen ersetzten.[2]

Der schnelle medizinische Fortschritt der letzten Jahrzehnte hat viele dieser einstmals kühnen Vorstellungen zur Realität werden lassen. So können lebenswichtige Organe wie das Herz, die Leber, die Lunge, die Niere, die Bauchspeicheldrüse und der Darm, erfolgreich und mit guter Überlebensprognose, aber auch Gewebe wie die Hornhaut, mit der Folge einer erheblichen Steigerung der Lebensqualität ausgetauscht werden. Diese Verfahren der Transplantationsmedizin sind mittlerweile Teil der medizinischen Routine.

Es ist im Wesen der Transplantationsmedizin begründet, dass jeweils zwei Seiten beteiligt sind: Neben dem Empfänger bedarf es eines entsprechenden Spenders. Damit dem einen Menschen geholfen werden kann, muss ein anderer Mensch verstorben sein. Ausnahmen hiervon sind Transplantationen sogenannter Lebendspenden, unter anderem die Transplantation einer Niere oder eines Teils der Leber eines lebenden Spenders.

Da sowohl die erforderlichen Rechte und Interessen des Empfängers als auch die des Spenders zu berücksichtigen sind, ist die Anzahl der tatsächlich für Transplantationen zur Verfügung stehenden Organe limitiert.

---

1 Vgl. Conolly/Benanzio, Cosmas and Damian revisited, in: Lanzetta/Dubernard (Hrsg.), Hand Transplantation, S. 3.
2 Vgl. Conolly/Benanzia, aaO., S. 3.

Dies trägt dazu bei, dass jährlich Menschen, die auf der Warteliste stehen, versterben, bevor ein passendes, aber grundsätzlich vorhandenes Organ für sie verfügbar ist.[3]

Die bisher in Deutschland praktizierten Einwilligungslösungen wirken, verglichen mit den in einigen anderen Ländern gehandhabten Widerspruchlösungen, restriktiv und stehen seit Jahren in der politischen und öffentlichen Diskussion.[4] Gegenüber der engen Einwilligungslösung, die in Deutschland bis zum Jahre 2015 Anwendung fand, sieht die zurzeit geltende erweiterte Einwilligungslösung die Möglichkeit vor, dass bei fehlender prämortaler Einwilligung des Verstorbenen die nächsten Angehörigen einer Organspende zustimmen oder diese verweigern können.[5]

Allerdings wurde auch durch diese Änderung die Anzahl der Spenderorgane nicht gesteigert.[6]

Die Forderung nach einer Widerspruchslösung, bei der im Gegensatz zur Einwilligungslösung grundsätzlich jeder Bürger potentieller Organspender ist, wenn er der Organentnahme nicht ausdrücklich widersprochen hat, konnte sich in der politischen Diskussion in Deutschland bisher

---

3 Vgl. Von Leszczynski, Die Zahl der Organspenden sinkt dramatisch, Die Welt vom 15.01.2018, im Internet unter: https://www.welt.de/print/die_welt/politik/article172475570/Die-Zahl-der-Organspenden-sinkt-dramatisch.html (letzter Abruf: 24.01.2018).
4 Vgl. Lilie, Aktuelle Rechtsprobleme bei der Organtransplantation – Zur Widerspruchslösung, in: Lilie/Rosenau/Hakeri (Hrsg.), Die Organtransplantation – Rechtsfragen bei knappen medizinischen Ressourcen, S. 55 f.; Nationaler Ethikrat, Stellungnahme vom 04.2007, Die Zahl der Organspenden erhöhen – Zu einem drängenden Problem der Organtransplantation in Deutschland, S. 24 ff., im Internet unter: http://www.ethikrat.org/dateien/pdf/die-zahl-der-organspenden-erhoehen.pdf (letzter Abruf: 24.01.2018); Parzeller, Entnahme von Organen und Geweben bei toten Spendern, in: Pühler/Middel/Hübner (Hrsg.), Praxisleitfaden Gewebegesetz, S. 73 (74); Windhorst, Für eine Widerspruchslösung?, in: Middel/Pühler/Lilie et al. (Hrsg.), Förderung der Organspende – Bestandsaufnahme und Bewertung, S. 55 ff.
5 Vgl. § 4 Abs. 1 TPG.
6 Vgl. Statistik der Deutschen Stiftung Organtransplantation (DSO), Zahl der jährlichen Organspender in Deutschland 2011–2017, im Internet unter: https://www.dso.de/servicecenter/krankenhaeuser/zahlen-zur-organspende-und-transplantation.html (letzter Abruf: 23.01.2018).

nicht durchsetzen.[7] Dabei ist zu bedenken, dass Länder wie etwa Spanien, Österreich oder Frankreich, die sich allesamt für ähnlich ausgeprägte Widerspruchslösungen entschieden haben, eine höhere Bereitschaft zur Organspende aufweisen, als Länder wie Deutschland, Großbritannien oder die Schweiz, in denen Einwilligungsmodelle angewandt werden.[8]

Während die Zahlen postmortaler Spenden pro einer Million Einwohner im Jahr 2016 in Deutschland bei 10,6, in Großbritannien bei 21,5 und in der Schweiz bei 13,2 lagen, wiesen Staaten wie Spanien mit 43,8, Österreich mit 25,2 und Frankreich mit 28,7 postmortalen Spenden pro einer Million Einwohner deutlich höhere Werte auf.[9]

Allerdings bestehen auch erhebliche Bedenken an der Verfassungsmäßigkeit der Widerspruchslösung, insbesondere vor dem Hintergrund eines nicht zu rechtfertigenden Eingriffs in das Selbstbestimmungsrecht des Bürgers aus Art. 2 Abs. 1 GG iVm. Art. 1 Abs. 1 GG.[10]

---

7 Vgl. Lilie, Aktuelle Rechtsprobleme bei der Organtransplantation – Zur Widerspruchslösung, aaO., S. 55 f.; Gott, Schnittstellen zwischen Organ- und Gewebespende, S. 62.
8 Vgl. Nationaler Ethikrat, Stellungnahme vom 04.2007, Die Zahl der Organspenden erhöhen – Zu einem drängenden Problem der Organtransplantation in Deutschland, S. 26, im Internet unter: http://www.ethikrat.org/dateien/pdf/die-zahl-der-organspenden-erhoehen.pdf (letzter Abruf: 24.01.2018); auch in den Niederlanden wurde bislang eine Einwilligungslösung praktiziert. Um dem in den Niederlanden bestehenden Organmangel entgegenzuwirken, hat der niederländische Senat im Februar 2018 einer Gesetzesänderung zur Widerspruchslösung zugestimmt. Damit sind die Niederlande bereits der 18. europäische Staat, der eine Widerspruchslösung einführt, vgl. o. V., Alle Niederländer, die nicht widersprechen, sind künftig Organspender, Zeit online vom 13.02.2018, im Internet unter: http://www.zeit.de/wissen/gesundheit/2018-02/niederlande-organspende-gesetz-widerspruchsloesung (letzter Abruf: 20.02.2018).
9 Vgl. Global Observatory on Donation and Transplantation, Jahresstatistik für 2016 im Newsletter transplant 2017, International Figures on Organ Donation and Transplantation, im Internet unter: http://www.transplant-observatory.org/download/newsletter-2017/ (letzter Abruf: 24.01.2018).
10 Vgl. Begründung zum Gesetzesentwurf der Fraktionen der CDU/CSU, SPD und der F.D.P. über ein Gesetz zur Spende, Entnahme und Übertragung von Organen, Bundesdrucksache 13/4355 vom 16.04.1996, S. 13, im Internet unter: http://dip21.bundestag.de/dip21/btd/13/043/1304355.pdf (letzter Abruf: 16.01.2018); Gott, aaO., S. 62.

Kritiker gehen zudem davon aus, dass zur Erlangung einer höheren Spendenbereitschaft nicht die Anwendung einer Einwilligungs- oder Widerspruchslösung, sondern vielmehr Maßnahmen wie der Aufbau eines Netzwerkes zur Koordination der Organspende maßgeblich seien.[11]

Insbesondere mit Blick auf die verfassungsrechtlichen Bedenken und den Umstand, dass bei Anwendung einer Widerspruchslösung das Schweigen des Bürgers als Zustimmung gewertet würde, ist die Entscheidung des Gesetzgebers gegen die Widerspruchslösung nachvollziehbar.[12]

Ein weiterer im Zusammenhang mit dem bestehenden Organmangel zu erwähnender Aspekt scheint die fehlende Bereitschaft vieler Krankenhäuser zu sein, der Meldepflicht für potentielle Organspender gemäß § 9a Abs. 2 Nr. 1 TPG nachzukommen.[13]

Erste Entwicklungen einer wissenschaftlichen Transplantationsmedizin sind seit dem 18. Jahrhundert zu beobachten.[14] Zu einer bedeutenden Verbreitung kam es aber erst durch den medizinischen Fortschritt insbesondere im Laufe des 20. Jahrhunderts.[15]

---

11 Vgl. Lilie, Aktuelle Rechtsprobleme bei der Organtransplantation – Zur Widerspruchslösung, aaO., S. 58.
12 Vgl. Gott, aaO., S. 64; Stellungnahme des Bundesrates, Bericht über die 465. Sitzung vom 10.11.1978, S. 443 ff., im Internet unter: https://www.bundesrat.de/SharedDocs/downloads/DE/plenarprotokolle/1978/Plenarprotokoll-465.pdf?__blob=publicationFile&v=2 (letzter Abruf: 24.01.2018).
13 Vgl. Mayer/Reuter, Die Organspende-Lüge, Focus Magazin vom 13.03.2017, im Internet unter: http://www.focus.de/gesundheit/arzt-klinik/organspende/gesundheitsoekonomie-die-organspende-luege_id_6731050.html (letzter Abruf: 24.01.2018); Von Leszczynski, Die Zahl der Organspenden sinkt dramatisch, Die Welt vom 15.01.2018, aaO.; Von Leszczynski/Réthy, Warum in Deutschland weniger Organe gespendet werden, Hamburger Abendblatt vom 15.01.2018, im Internet unter: https://www.abendblatt.de/ratgeber/gesundheit/article213113977/Warum-in-Deutschland-weniger-Organe-gespendet-werden.html (letzter Abruf: 24.01.2018).
14 Vgl. Lauchart/Gubernatis/Blümke, Transplantationsmedizin, in: Mauer/Gabel (Hrsg.), Intensivmedizin und Management bei Organspende und Transplantation, S. 53 (54).
15 Vgl. Lauchart/Gubernatis/Blümke, aaO., S. 53 (54).

Bereits 1883 wurde die erste Schilddrüsentransplantation durchgeführt.[16] Der Schweizer Chirurg Theodor Kocher entfernte mehreren Patienten bei Struma-Operationen die gesamte Schilddrüse. Die Patienten blieben daraufhin in ihrer geistigen und körperlichen Entwicklung zurück.[17] Kocher versuchte seinen Fehler bei einem Patienten zu korrigieren, indem er diesem die Schilddrüse eines anderen Menschen transplantierte.[18] Der Eingriff misslang, gilt aber in der Medizingeschichte als erste Organtransplantation.[19]

Von entscheidender Bedeutung für die Transplantationsmedizin waren jedoch die Entdeckung der Gewebekompatibilität und Immunreaktion durch Peter Medawar im Jahre 1944 sowie die Entdeckung der HLA-Antigene durch Jean Dausset 1958, die als maßgebliche Voraussetzungen zur Beherrschung der Abstoßung körperfremden Gewebes gelten.[20] Medawar erforschte die Mechanismen und Eiweißmoleküle, die für die Abstoßungsreaktionen des Körpers verantwortlich sind, während Dausset die Antigene auf den Leukozyten entdeckte, die dem Immunsystem die Unterscheidung zwischen körpereigenem und fremdem Gewebe ermöglichen.[21]

Damit einhergehend nahm auch die Anzahl von Organtransplantationen zu. So kam es bereits vor den Entdeckungen Daussets 1954 zur ersten

---

16 Vgl. Schlich, Geschichte der Organtransplantation im Spiegel der DMW, Deutsche medizinische Wochenschrift (2000) 27, S. 847.
17 O. V., Meilensteine der Transplantationsmedizin – Wo sich der Tod mit dem Leben vermählt, Süddeutsche Zeitung vom 25.05.2012, im Internet unter: http://www.sueddeutsche.de/gesundheit/meilensteine-der-transplatationsmedizin-wo-sich-der-tod-mit-dem-leben-vermaehlt-1.1365427-2 (letzter Abruf: 12.02.2018).
18 Vgl. Wolff, Vor 50 Jahren: Paul Niehans bringt den Begriff „Zellulartherapie" in die Öffentlichkeit, Schweizerische Ärztezeitung (2002) 83, S. 1726; o. V., Meilensteine der Transplantationsmedizin – Wo sich der Tod mit dem Leben vermählt, Süddeutsche Zeitung vom 25.05.2012, aaO.
19 Schlich, aaO., S. 847.
20 Vgl. Vollmar/Gerbes, Historie und Status quo der Transplantationsmedizin, Pharmazie in unserer Zeit (2005) 34, S. 262 (262 f.); Lenhart, Das HLA-System und seine Bedeutung für die klinische Transplantation, Journal of Laboratory Medicine (1979) 3, S. 12.
21 Vgl. Woodruff, Spezifische immunologische Toleranz, Klinische Wochenschrift (1958) 6, S. 245 (245 ff.); Neumann, Immunbiologie – Eine Einführung, S. 67.

erfolgreichen Nierentransplantation durch Joseph E. Murray.[22] Dabei wurden die seit den Forschungen Medawars bereits bekannten Abstoßungsreaktionen durch die Auswahl eineiiger Zwillinge als Spender und Empfänger vermieden.[23] Nach Entdeckung der HLA-Antigene 1958 kam es 1959 zur ersten erfolgreichen Nierentransplantation zwischen genetisch verschiedenen Personen, ebenfalls durch Murray.[24] 1963 folgte die erste erfolgreiche Pankreastransplantation[25] sowie 1967 die ersten Leber- und Herztransplantationen.[26]

Heute ist die Transplantation dieser sogenannten soliden Organe ein etabliertes medizinisches Vorgehen, das routinemäßig an vielen Orten der Welt durchgeführt wird.[27] Dennoch stellt die Transplantationsmedizin noch immer einen wachsenden Bereich dar, der durch raschen Fortschritt und damit einhergehenden neue medizinische Möglichkeiten geprägt ist und ein Ende dieser Entwicklung nicht erkennen lässt.

Ein solcher Fortschritt in der Medizin wirft neben vielfachen medizinischen, auch rechtliche und ethische Fragen auf, die nicht zu vernachlässigen sind. Es stellt sich vor diesem Hintergrund vor allem die Frage, ob alles medizinisch Mögliche in dem hier betrachteten Bereich auch ethisch und rechtlich vertretbar ist.

II. Transplantation von Vascularized Composite Allografts (VCA)

Zu den neuen Entwicklungen im Bereich der Transplantationsmedizin gehören insbesondere die Transplantationen von sogenannten komplexen Geweben, die international überwiegend als Vascularized Composite Allografts

---

22 Hakenberg, Nierentransplantation heute – aktueller Stand und Entwicklungen, Zeitschrift für Medizinische Psychologie (2008) 1, S. 9.
23 Vgl. Wüthrich, Nierentransplantation, S. 3.
24 Vgl. Hakenberg, aaO., S. 9.
25 Vgl. Lackner/Offner/Nizze, Dünndarm-, Pankreas- und Inselzelltransplantation, Der Pathologe (2011) 32, S. 135.
26 Vgl. Rommel/Schmidt, Organtransplantation – Aktuelle rechtliche und organisatorische Rahmenbedingungen, Anästhesiologie Intensivmedizin Notfallmedizin Schmerztherapie (2010) 45, S. 348.
27 Vgl. Lilie, Composite Tissue – Organe, Gewebe oder Aliud, in: Festschrift für Fischer, S. 263 (264); Rommel/Schmidt, aaO., S. 348.

(VCA) bezeichnet werden. Diese sind zunehmend in den medizinischen sowie medialen Fokus gerückt. Unter den Begriff VCA fallen komplexe, vaskularisierte Körperteile wie Hände, Beine, Arme, Füße, der Uterus, die Bauchwand und das Gesicht.

Zwar handelt es sich bei den VCA-Transplantationen überwiegend nicht um lebensrettende Eingriffe, jedoch ermöglichen sie es, die Lebensqualität zu steigern.

Bei der Transplantation von Gliedmaßen steht die Verbesserung von Körperfunktionen im Vordergrund. Statt einer Prothese wird ein vaskularisiertes, also durchblutetes, Transplantat verpflanzt, das neben einer potentiellen Verbesserung der mechanischen Funktionsfähigkeit den Vorteil besitzt, die Sensitivität ganz oder teilweise wiederherzustellen. Bei der Gesichtstransplantation ist insbesondere die Verbesserung oder Rekonstruktion des äußeren Erscheinungsbildes beabsichtigt.

Einen Sonderfall bei VCA-Transplantationen stellt die Transplantation der Bauchwand dar, die häufig im Zusammenhang mit einer Dünndarmtransplantation oder der Transplantation anderer solider Organe vorgenommen wird und in diesen Fällen einen lebensrettenden Charakter aufweist.[28]

Von den genannten VCA-Transplantationen sind Uterustransplantationen zu unterscheiden, die nicht der Lebensrettung oder der Verbesserung der unmittelbar physischen Lebensqualität, sondern der Erfüllung eines Kinderwunsches dienen. Bei den bisher in geringer Anzahl durchgeführten Eingriffen wird überwiegend der Uterus der Mutter auf die Tochter übertragen, damit diese ihren Kinderwunsch erfüllen kann.[29] Nach Erfüllung dieses Wunsches erfolgt die Entnahme des Uterus bei der Empfängerin, womit gleichzeitig das Erfordernis der Immunsuppression entfällt.[30] Diese Art der VCA-Transplantation unterscheidet sich damit ihrem Sinn und Zweck nach grundlegend von anderen VCA-Transplantationen und soll hier nicht weiter betrachtet werden.

---

28 Nähere Ausführungen zu den mit der Bauchwandtransplantation einhergehenden Fragen, siehe D. II. 1. b) cc) dieser Arbeit.
29 Vgl. Brännström/Johannesson/Bokström, Livebirth after uterus transplantation, The Lancet (2015) 385, S. 607 (614).
30 Vgl. Brännström/Johannesson/Bokström, aaO., S. 607 (615).

VCA-Transplantationen verursachen, wie auch Transplantationen solider Organe, körperliche Abstoßungsreaktionen. Um diese zu vermeiden, ist bis heute der Einsatz von Immunsuppressiva erforderlich.[31]

Da es sich bei den VCA-Transplantationen meist um sogenannte „Quality-of-Life-Operationen", nicht aber um „Life-saving-Operationen" handelt, der Einsatz von Immunsuppressiva jedoch mit erheblichen Gefahren für das Leben einhergehen kann, stellen sich bedeutsame ethische Fragen, insbesondere im Hinblick auf eine Nutzen-Risiko-Abwägung.

Die fehlende Beherrschung der Abstoßungsreaktionen war auch der Grund dafür, dass die Transplantationen von VCA erst Ende des 20. Jahrhunderts an Bedeutung in der medizinischen Praxis gewannen. Die Idee einer solchen Operation gab es schon Jahre zuvor. So erfolgte bereits 1964 die erste Transplantation der Hand eines verstorbenen Spenders in Ecuador.[32] Obgleich dieser Eingriff Jahre nach der Entdeckung der HLA-Antigene und damit zu einer Zeit erfolgte, in der Immunsuppressiva bereits eingesetzt wurden, musste die Hand drei Wochen nach der Operation wieder retransplantiert werden.[33] Der Grund hierfür waren erhebliche Abstoßungsreaktionen, die durch die hohe Antigenität der Haut verursacht wurden.[34] Eine derart starke Immunreaktion war zu dieser Zeit noch nicht ausreichend beherrschbar.[35]

Erst nach weiteren Entwicklungen hin zu einer effektiveren Immunsuppression gegen Ende des 20. Jahrhunderts, wie etwa der Einführung des Wirkstoffes Cyclosporin A im Jahre 1983, kam es zu ersten erfolgreichen VCA-Transplantationen.[36]

---

31 Vgl. Dantal/Soulillou, Immunosuppressive drugs and the risk of cancer after organ transplantation, The New England Journal of Medicine (2005) 352, S. 1371.
32 Siemionow/Kulahci/Bozkurt, Composite tissue allotransplantation, Plastic and Reconstructive Surgery (2009) 124, S. 327e; Barker/Francois/Frank et al., Composite tissue allotransplantation, Transplantation (2002) 73, S. 832.
33 Vgl. Hülsemann, Composite Tissue, in: Lilie (Hrsg.), Medizin – Ethik – Recht (2012) 40, S. 4.
34 Vgl. Hülsemann, aaO., S. 4.
35 Vgl. Hülsemann, aaO., S. 4.
36 Vgl. Vollmar/Gerbes, aaO., S. 262 (263); Dubernard/Owen/Herzberg et al., Human hand allograft: report on first 6 months, The Lancet (1999) 353, S. 1315.

So erfolgte die weltweit erste gelungene Handtransplantation 1998 in Lyon, Frankreich.[37] Der Patient hatte seine rechte Hand 14 Jahre zuvor bei einem Unfall mit einer Kreissäge verloren.[38]

Im Jahre 2008 wurde erstmals die Transplantation zweier vollständiger Arme in München vorgenommen.[39] Der Patient war ein Landwirt, dem bei einem Arbeitsunfall beide Arme abgerissen wurden.[40]

2005 wurde Isabelle Dinoire, deren Gesicht zuvor vom eigenen Hund entstellt wurde, Teile des Gesichts einer toten Spenderin, ebenfalls in Lyon, transplantiert.[41] Dies stellte die weltweit erste Teilgesichtstransplantation dar.[42]

Drei Jahre später wurde in den USA durch Maria Siemionow erstmalig ein nahezu ganzes Gesicht transplantiert.[43]

Ebenfalls in den USA kam es im Jahr 2015 auch zur ersten erfolgreichen beidseitigen Handtransplantation bei einem 10-jährigen Jungen.[44] Der Patient war in diesem Fall bereits aufgrund einer Jahre zuvor erfolgten Nierentransplantation immunsupprimiert.[45] Das Kind benötigte etwa 18

---

37 Vgl. Shores/Malek/Lee et al., Outcomes after hand and upper extremity transplantation, Journal of Materials Science (2017) 28, S. 1.
38 Ebinger/Mentzel/Katzmaier et al., Die allogene Handtransplantation – Technik, Risiko und ethische Vertretbarkeit, Journal der Deutschen Gesellschaft für Plastische und Wiederherstellungschirurgie (2002) 25, S. 36.
39 Vgl. Siegmund-Schultze, Erstmals komplette Arme verpflanzt, Deutsches Ärzteblatt vom 15.08.2008, im Internet unter: https://www.aerzteblatt.de/pdf.asp?id=61197 (letzter Abruf: 26.01.2018).
40 Siegmund-Schultze, Erstmals komplette Arme verpflanzt, aaO.
41 Vgl. Devauchelle/Badet/Lengelé et al., First human face allograft: early report, The Lancet (2006) 368, S. 203.
42 Vgl. Dubernard/Lengelé/Morelon et al., Outcomes 18 months after the first human partial face transplantation, The New England Journal of Medicine (2007) 357, S. 2451; Petruzzo/Testelin/Kanitakis et al., First human face transplantation: 5 years outcomes, Transplantation (2012) 93, S. 236.
43 Vgl. Siemionow/Sonmez, Face as an organ, Annals of Plastic Surgery (2008) 61, S. 345.
44 Vgl. Uhlmann, Zwei neue Hände für Zion, Süddeutsche Zeitung vom 19.07.2017, im Internet unter: http://www.sueddeutsche.de/gesundheit/handtransplantation-zwei-neue-haende-fuer-zion-1.3594190 (letzter Abruf: 26.01.2018).
45 Vgl. o. V., Achtjähriger erhält zwei Spender-Hände, Magazin Stern vom 29.07.2015, im Internet unter: https://www.stern.de/panorama/stern-crime/

Monate, um mit den Transplantaten so umgehen zu können, dass sich ein gravierender Vorteil gegenüber der zuvor bestehenden Situation ergab.[46] So ist es heute in der Lage, mit seinen transplantierten Händen zu schreiben, zu essen und sich eigenständig anzuziehen.[47]

Wie diese beispielhaft aufgeführten Eingriffe verdeutlichen, haben die letzten 20 Jahre einen erheblichen Fortschritt bezüglich der Transplantation von VCA mit sich gebracht. Während die Transplantationen solider Organe wie Herz, Leber, Lunge oder Niere, bereits seit vielen Jahren zur medizinischen Routine zählen, stellt sich die Frage, ob auch VCA-Transplantationen mittlerweile als Routinemedizin bezeichnet werden können oder eher experimentellen Charakter aufweisen und folglich der Neulandmedizin zuzuordnen sind.

Aufschlussreich ist dabei der Blick auf die Anzahl der in den letzten 20 Jahren durchgeführten Eingriffe. So wurden bis zum Jahr 2016 über 80 obere Extremitäten,[48] etwa 40 vaskularisierte Bauchwände[49] und etwa 30 Gesichter und Gesichtsteile,[50] weltweit in spezialisierten Zentren transplantiert.

Dabei kommt der deutschen Transplantationsmedizin keine Vorreiterrolle zu. Vielmehr erfolgten Transplantationen der vaskularisierten Bauchwand bisher überwiegend in Zentren in Miami, Oxford und Chicago.[51] Daneben wurden einzelne Bauchwände unter anderem auch in Bologna, Groningen und Chennai transplantiert.[52] Bei Gesichtstransplantationen kommt französischen Medizinern die Pionierrolle zu: Von den ersten zehn

---

zion-harvey--spender-haende-fuer-achtjaehrigen-jungen-in-den-usa-6363032.html (letzter Abruf: 26.01.2018).
46 Vgl. Uhlmann, Zwei neue Hände für Zion, aaO.
47 Vgl. Uhlmann, Zwei neue Hände für Zion, aaO.
48 Vgl. Dean/Talbot, Vascularized composite allotransplantation at a crossroad: Adopting lessons from technology innovation to novel clinical applications, Transplantation (2017) 101, S. 452.
49 Vgl. Giele/Vaidya/Reddy et al., Current state of abdominal wall transplantation, Current Opinion in Organ Transplantation (2016) 21, S. 159 (163).
50 Vgl. Dean/Talbot, aaO., S. 452.
51 Vgl. Giele/Vaidya/Reddy et al., aaO., S. 159 (163).
52 Vgl. Giele/Vaidya/Reddy et al., aaO., S. 159 (163).

Operationen dieser Art wurden sechs in Frankreich vorgenommen.[53] Neben der ersten Gesichtstransplantation durch die Ärzte Devauchelle und Dubernard 2005 in Lyon kam es insbesondere in Paris durch Lantieri zu mehreren derartigen Eingriffen.[54]

Weitere Gesichtsverpflanzungen fanden in den USA statt, vor allem in Cleveland und Boston. Hier nehmen Siemionow und Pomahac die Vorreiterrolle ein.[55]

Die meisten Transplantationen oberer Extremitäten fanden in den USA, China, Frankreich, Österreich und Polen statt.[56] In Deutschland blieb es bisher bei der 2008 in München erfolgreich durchgeführten beidseitigen Armtransplantation.[57]

Im Vergleich der bisher weltweit in einigen spezialisierten Zentren durchgeführten etwa 150 VCA-Transplantationen zu der Anzahl der in den letzten Jahren durchgeführten Transplantationen solider Organe[58] wird bereits deutlich, dass VCA-Transplantationen sich noch in einem Stadium der Entwicklung befinden und zusätzliche Akzeptanz benötigen.[59]

Bei VCA-Transplantationen handelt es sich somit um Behandlungsmethoden, die der Neulandmedizin zuzurechnen sind[60] und einer Einordnung in die medizinrechtliche Begriffsterminologie bedürfen.

---

53 Vgl. Khalifian/Brazio/Mohan et al., Facial transplantation: the first 9 years, The Lancet (2014) 384, S. 2153 (2155).
54 Vgl. Khalifian/Brazio/Mohan et al., aaO., S. 2153 (2155).
55 Vgl. Khalifian/Brazio/Mohan et al., aaO., S. 2153 (2155).
56 Vgl. Shores/Brandbacher/Lee, Hand and upper extremity transplantation: An update of outcomes in the worldwide experience, Plastic and Reconstructive Surgery (2015) 135, S. 351e (353e).
57 Vgl. Shores/Brandbacher/Lee, aaO., S. 351e (353e).
58 Im Jahr 2016 wurden allein in Deutschland bereits 3049 Organtransplantationen nach postmortaler Spende durchgeführt; vgl. Deutsche Stiftung Organtransplantation, Jahresbericht 2016 – Organspende und Transplantation in Deutschland, S. 74, im Internet unter: https://www.dso.de/uploads/tx_dsodl/JB_2016_Web.pdf (letzter Abruf: 29.01.2018).
59 Vgl. Dean/Talbot, aaO., S. 452.
60 Vgl. Piza-Katzer/Wechselberger/Estermann et al., Zehn Jahre Handtransplantation Experiment oder Routine?, Handchirurgie Mikrochirurgie Plastische Chirurgie (2009) 41, S. 210 (212 ff.).

Hierbei ist zwischen Heileingriffen, Heilversuchen, klinischen Versuchen und wissenschaftlichen Versuchen zu unterscheiden.[61]
Während der Heileingriff eine standardisierte Behandlung darstellt, geht der Heilversuch über die Grenze des medizinischen Standards hinaus, dient aber dennoch dem Interesse des Patienten.[62]
Dagegen erfolgt der wissenschaftliche Versuch ohne konkretes therapeutisches Ziel vorwiegend zu Forschungszwecken.[63]
Bei VCA-Transplantationen handelt es sich um neuartige, über den aktuell praktizierten medizinischen Standard hinausgehende Eingriffe, die jedoch eindeutig eine therapeutische Zielsetzung aufweisen und dem Interesse des Patienten dienen, sodass sie sich medizinrechtlich als Heilversuche definieren lassen.

Trotz der in den letzten Jahren durchaus erzielten Fortschritte ist die VCA-Transplantation noch deutlich vom Status eines ausgereiften medizinischen Verfahrens entfernt.[64]

III. Gegenstand der Untersuchung

Wesentlicher Gegenstand dieser Arbeit sind medizinrechtliche Fragen unter Berücksichtigung grundsätzlicher ethischer Aspekte bei der Transplantation von VCA.

Die ersten geglückten Eingriffe ließen eine schnelle Entwicklung der VCA-Transplantationen vermuten und lösten eine Welle der Euphorie aus.[65] Diese Erwartungen haben sich aus heutiger Sicht nicht erfüllt. Auch wenn in Deutschland kaum VCA-Verpflanzungen stattfanden, lässt die internationale Entwicklung dennoch erwarten, dass diese Art der medizinischen Behandlung weitere

---

61 Teichner, Anspruch auf Heilversuch und Teilhabe an medizinischer Forschung?, in: Ratajczak/Schwarz-Schilling (Hrsg.), Medizinische Notwendigkeit und Ethik, S. 139.
62 Vgl. Fischer, Medizinische Versuche am Menschen, in: Lilie (Hrsg.), Medizin – Ethik – Recht (2006) 1, S. 5.
63 Fröhlich, Forschung wider Willen? Rechtsprobleme biomedizinischer Forschung mit nicht einwilligungsfähigen Personen, S. 12.
64 Vgl. Dean/Talbot, aaO., S. 452.
65 Vgl. Ravindra/Xu/Bozulic et al., Composite tissue transplantation: A rapidly advancing field, Transplantation Proceedings (2008) 40, S. 1237; Dubernard/Owen/Herzberg et al., aaO., S. 1315; Dubernard/Lengelé/Morelon et al., aaO., S. 2451.

Fortschritte verzeichnen und in der Zukunft eine größere Bedeutung erlangen kann. Es ist deshalb gerade im Hinblick auf den raschen medizinischen Fortschritt und die anhaltende kontroverse Diskussion in der Fachliteratur[66] sinnvoll, unter anderem die folgenden klärungsbedürftigen Fragen aufzuwerfen:
Welche medizinethischen Aspekte sind bei der Transplantation von VCA zu beachten? Kann eine ethische Legitimation trotz des häufigen Charakters dieser Maßnahmen als „Quality-of-Life-Operationen" uneingeschränkt angenommen werden? Insoweit bedarf es einer Gegenüberstellung von Nutzen und Risiken, da sich Unterschiede zur ethischen Bewertung der Transplantation solider Organe ergeben können. Diese haben überwiegend lebensrettenden Charakter und sind damit – anders als viele VCA-Übertragungen – häufig ohne medizinische Alternative.

Welche Probleme ergeben sich in medizinrechtlicher Hinsicht?

Insbesondere stellt sich die Frage nach der rechtlichen Einordnung von VCA. Sollte man sie Organen oder Geweben zuordnen, oder stellen sie eine eigene Entität dar?

Ist das Transplantationsgesetz (TPG), gegebenenfalls mit Einschränkungen, anwendbar, gilt das Arzneimittelgesetz (AMG) oder bedarf es einer neuen gesetzlichen Kodifizierung?

Welche Rolle spielt das europäische Recht? Wurden die einschlägigen Richtlinien der Europäischen Union vom nationalen Gesetzgeber ordnungsgemäß umgesetzt?

Welche Erfordernisse ergeben sich für die Allokation von VCA? Besteht das Bedürfnis einer zentralisierten Verteilung von komplexen Geweben, zum Beispiel über Eurotransplant?

Mit diesen und weiteren Fragen befasst sich die Arbeit im Folgenden. Nach einer Auseinandersetzung mit medizinethischen Gesichtspunkten (B.) sowie einer Darlegung der medizinischen und rechtlichen Einordnung auf europäischer und nationaler Ebene von Geweben und Organen (C.) ist die vertiefte Ausführung der rechtlichen Fragen und Probleme im Hinblick auf die Transplantation von VCA Hauptgegenstand dieser Arbeit (D.). Die Arbeit endet mit einer Zusammenfassung (E.).

---

66 Vgl. Lilie, Composite Tissue – Organe, Gewebe oder Aliud, aaO., S 263; Hülsemann, aaO., S. 23; Pühler/Hübner, Komplexe Gewebe – komplexe Fragen, Medizinrecht (2013) 31, S. 11 (13).

# B. Medizinethische Aspekte bei der Transplantation von VCA

Die Transplantation von VCA wirft, ebenso wie die Transplantation solider Organe, ethische Fragen auf, die auch für die rechtliche Beurteilung von Bedeutung sind. Eine vorgelagerte Auseinandersetzung mit diesem Thema und somit eine Einbettung der juristischen Fragen in einen ethischen Kontext ist deshalb angebracht.

I. Begriffe „Ethik" und „Moral"

Umgangssprachlich werden die Begriffe „Ethik" und „Moral" häufig synonym verwendet. In der Philosophie etablierte sich aber eine Unterscheidung zwischen beiden Begriffen.[67] Als „Moral" wird ein Normensystem verstanden, welches menschliches Verhalten mit unbedingter Gültigkeit regelt.[68] Dagegen versteht man im deutschen Sprachgebrauch unter „Ethik" die Wissenschaft von der Moral, die sich damit befasst, welche unterschiedlichen Moralauffassungen es gibt und wie sie zu begründen sind.[69] Demnach beinhaltet Ethik Fragen des moralisch angemessenen Handelns.[70] Es kommt maßgeblich darauf an, wie der Mensch handeln soll, was moralisch richtig oder falsch, gut oder schlecht, geboten oder verboten, gerecht oder ungerecht ist.[71]

II. Medizinethik

Die Medizinethik in ihrer heutigen Form hat sich erst in der zweiten Hälfte des 20. Jahrhunderts entwickelt. Zwar gab es mit dem hippokratischen Eid zur Zeit der Antike erste Ansätze, ärztliches Handeln unter moralischen

---

67 Marckmann, Grundlagen ethischer Entscheidungsfindung in der Medizin, in: Marckmann (Hrsg.), Praxisbuch Ethik in der Medizin, S. 3 (4).
68 Vgl. Hübner, Einführung in die philosophische Ethik, S. 13 ff.
69 Hübner, aaO., S. 17 ff.
70 Vgl. Pieper, Einführung in die Ethik, S. 23 ff.
71 Marckmann, Grundlagen ethischer Entscheidungsfindung in der Medizin, aaO., S. 3.

Gesichtspunkten zu betrachten, jedoch ist diese traditionelle Medizinethik nicht vergleichbar mit der des 20. und 21. Jahrhunderts, „die mit wissenschaftlicher Methodik die moralischen Fragen und Konflikte im gesamten medizinischen Bereich reflektiert".[72]

Ursächlich für diese Entwicklung hin zu einer detaillierteren und differenzierteren Auseinandersetzung mit den Fragen der Medizinethik ist im Wesentlichen der medizinische Fortschritt und die daraus resultierenden neuen Möglichkeiten.[73]

Eines der Problemfelder ist die Organtransplantation. So ist es heute nicht mehr selbstverständlich, dass die technisch möglichen Eingriffe auch tatsächlich durchgeführt werden sollen.[74] Vielmehr bedarf es einer umfassenden Abwägung des Patientennutzens mit den durch die Behandlung eintretenden Risiken.[75]

1. Prinzipienorientierte Medizinethik

Zwar fehlt es an einer allgemeingültigen ethischen Theorie, jedoch hat im Bereich der Medizinethik die von Tom L. Beauchamp und James F. Childress entwickelte prinzipienorientierte Medizinethik weitgehend Akzeptanz gefunden, die auf vier verschiedene „mittlere" Prinzipien abstellt und auch als Georgetown-Mantra bezeichnet wird.[76]

Diese Prinzipien stellen eine generelle ethische Orientierung dar, lassen aber noch einen erheblichen Beurteilungsspielraum zu, müssen im Einzelfall interpretiert und gegeneinander abgewogen werden und sind jeweils nur dann bindend, wenn keine gleichwertigen oder stärkeren Verpflichtungen entgegenstehen.[77]

---

72 Marckmann, Grundlagen ethischer Entscheidungsfindung in der Medizin, aaO., S. 3 (9).
73 Vgl. Schöne-Seifert, Grundlagen der Medizinethik, S. 10 f.
74 Marckmann, Grundlagen ethischer Entscheidungsfindung in der Medizin, aaO., S. 3 (9).
75 Marckmann, Grundlagen ethischer Entscheidungsfindung in der Medizin, aaO., S. 3 (9).
76 Vgl. Schöne-Seifert, Prinzipien und Theorien in der Medizinethik, in: Ach/Bayertz/Siep (Hrsg.), Grundkurs Ethik, S. 9 (14 f.).
77 Marckmann, Ethische Aspekte von eHealth, in: Fischer/Krämer (Hrsg.), eHealth in Deutschland, S. 83 (86).

Die Verwendung des Ansatzes von Beauchamp und Childress ist für die Behandlung der medizinethischen Fragen im Rahmen dieser Arbeit naheliegender als die Annahme einer einzelnen ausschließlich geltenden Theorie, wie die von Kant begründete deontologische Ethik, die konsequentialistische Ethik, zu der auch der Utilitarismus gehört, und die auf Aristoteles zurückgehende Tugendethik,[78] weil dessen vier Prinzipien als Handlungsorientierungen betrachtet werden können, die in der Schnittmenge aller ethischen Theorien und der von allen geteilten Moral liegen.[79]

a) Prinzip der Autonomie

Das Prinzip des Respekts der Autonomie beziehungsweise der Selbstbestimmung des Patienten ist ein dominierendes Prinzip und stärkt die Beachtung der Wünsche, Ziele und Wertvorstellungen der Patienten.[80] Der Mensch hat das Recht selbst zu entscheiden, was mit ihm geschieht. Dabei enthält dieses Prinzip nicht nur negative Freiheitsrechte, sondern auch das positive Recht auf Förderung der Entscheidungsfähigkeit.[81] Danach ist der Arzt auch verpflichtet, den Entscheidungsprozess aktiv zu unterstützen.[82]

Maßgeblich kommt es auf das sogenannte informierte Einverständnis an, das dann gegeben ist, wenn der Patient hinreichend aufgeklärt wurde, die Aufklärung verstanden hat und sodann freiwillig und entscheidungskompetent seine Zustimmung gibt.[83]

b) Prinzip des Nutzens

Das Prinzip des Wohltuns oder Nutzens umfasst die Verpflichtung des Arztes, das Wohl des Patienten zu fördern und dem Patienten zu nützen, wobei

---

78 Vgl. Schöne-Seifert, Prinzipien und Theorien in der Medizinethik, aaO., S. 9 (15 f.); auf eine vertiefte Beschreibung dieser ethischen Theorien kann im Rahmen dieser juristischen Arbeit nicht weiter eingegangen werden.
79 Schöne-Seifert, Prinzipien und Theorien in der Medizinethik, aaO., S. 9 (14 f.).
80 Vgl. Beauchamp/Childress, Principles of biomedical ethics, S. 57 ff.
81 Marckmann, Was ist eigentlich prinzipienorientierte Medizinethik?, Ärzteblatt Baden-Württemberg (2000) 56, S. 499.
82 Marckmann, Was ist eigentlich prinzipienorientierte Medizinethik?, aaO., S. 499.
83 Marckmann, Was ist eigentlich prinzipienorientierte Medizinethik?, aaO., S. 499 (499 f.).

er aktiv Krankheiten vermeiden oder präventiv verhindern und Beschwerden lindern soll.[84]

c) Prinzip des Nichtschadens

Das Prinzip des Nichtschadens beinhaltet die Unterlassung eventuell schädigender Handlungen durch den Arzt.[85] Da jedoch häufig eine effektive Behandlung zwingend mit der Inkaufnahme eines Schadensrisikos einhergeht, bedarf es in diesen Fällen einer umfassenden Abwägung von Nutzen und Risiko.[86]

d) Prinzip der Gerechtigkeit

Das Prinzip der Gerechtigkeit fordert eine angemessene und faire Verteilung von Nutzen, Risiken und Kosten im Gesundheitswesen.[87] Besonders im Hinblick auf die Verteilung nicht in ausreichender Menge vorhandener Organe auf potentielle Empfänger findet dieses Prinzip Anwendung.

e) Bedeutung der Prinzipien für die Transplantation von VCA

Diese Grundsätze müssen auch für die Transplantationen von VCA gelten. Dabei nehmen die Prinzipien des Nutzens sowie des Nichtschadens, ebenso wie der Konflikt dieser beiden Prinzipien untereinander, eine besondere Stellung ein.

aa) Zwei Prinzipien im Konflikt

Während es sich bei Transplantationen solider Organe überwiegend um sogenannte „Life-saving-Eingriffe" handelt,[88] stellen VCA-Transplantationen zumeist sogenannte „Quality-of-Life-Operationen" dar. Es besteht

---

84 Vgl. Schöne-Seifert, Grundlagen der Medizinethik, S. 32 ff.
85 Vgl. Beauchamp/Childress, aaO., S. 113 ff.
86 Marckmann, Grundlagen ethischer Entscheidungsfindung in der Medizin, aaO., S. 3 (11).
87 Vgl. Marckmann, Was ist eigentlich prinzipienorientierte Medizinethik?, aaO., S. 499 (500).
88 Eine Ausnahme stellt die Transplantation der Niere dar, für die mit verschiedenen Verfahren der Dialyse zunächst eine alternative Behandlungsoption besteht.

gerade keine lebensbedrohende Situation, vielmehr erfolgt der Eingriff zu dem Zweck, die Lebensqualität des Patienten zu erhöhen.

Auf der anderen Seite erfordern Transplantationen die Einnahme von Immunsuppressiva zur Unterdrückung etwaiger Abstoßungsreaktionen. Diese Medikamente wiederum können potentiell lebensbedrohende Nebenwirkungen entfalten. Während dieser Umstand bei der zur Erhaltung des Lebens dringend gebotenen Transplantation solider Organe weniger Zweifel an der Durchführung der Transplantation hervorruft, stellt sich dies bei der VCA-Transplantation aufgrund des in der Ausgangssituation meist nicht bestehenden Lebensrisikos anders dar. Die Prinzipien des Wohltuns sowie des Nichtschadens geraten in Konflikt. Es bedarf einer umfassenden Nutzen-Risiko-Abwägung.[89]

(1) Risiken

Im Hinblick auf die mit VCA-Transplantationen einhergehenden Risiken sind insbesondere das Erfordernis der Immunsuppression sowie psychische Belastungen zu betrachten.

(a) Immunsuppression

Die Nebenwirkungen der Immunsuppression gelten in der rekonstruktiven Chirurgie von komplexen Geweben als vorrangig zu beachtende Faktoren.[90] Zu diesen potentiellen Nebenwirkungen gehören die Möglichkeit von Infektionen, Hypertonie, Diabetes mellitus, Leber- und Nierenversagen und ein erhöhtes Risiko für verschiedene Arten von Tumorerkrankungen.[91]

Dies lässt sich am Beispiel der sogenannten Calcineurinhemmer, zu denen die Wirkstoffe Ciclosporin und Tacrolimus zählen und die als Basistherapeutika am häufigsten zur Immunsuppression nach der Transplantation eingesetzt werden, näher darlegen.[92]

---

89 Diese Nutzen-Risiko-Abwägung wird im Rahmen dieser Arbeit am Beispiel der Transplantationen des Gesichts sowie der oberen Extremitäten vorgenommen.
90 Petit/Minns/Dubernard et al., Composite tissue allotransplantation and reconstructive surgery, Annals of Surgery (2003) 237, S. 19 (23).
91 Piza-Katzer/Wechselberger/Estermann et al., aaO., S. 210 (214).
92 Vgl. Land, Immunsuppressive Therapie, S. 218 ff.

Diese Wirkstoffe schränken die Aktivität des Enzyms Calcineurin ein, welches für die Aktivierung einiger bestimmter Immunzellen entscheidend ist.[93] Indem die Calcineurinhemmer auf diese Weise die Funktionsfähigkeit der Immunzellen blockieren, unterdrücken sie die Abwehrreaktion.[94] Wie auch andere Immunsuppressiva führt der Einsatz von Ciclosporin und Tacrolimus zu einem erhöhten Risiko für Infektionen und Tumorbildungen.

Insbesondere der Gefahr von Tumorbildungen kommt dabei eine wesentliche Bedeutung zu. So haben transplantierte, immunsupprimierte Patienten statistisch betrachtet eine um den Faktor drei und damit deutlich höhere Wahrscheinlichkeit an Krebs zu erkranken als nicht-transplantierte Menschen.[95] Nach zehn Jahren immunsuppressiver Therapie liegt die Wahrscheinlichkeit einer Krebserkrankung sogar bei zwanzig Prozent.[96] Auch Isabelle Dinoire, bei der als weltweit erste Patientin eine Teilgesichtstransplantation vorgenommen wurde, verstarb 2016 an einer Tumorerkrankung.[97] Die behandelnde Klinik teilte mit, dass ein Zusammenhang zwischen ihrer Krebserkrankung und der Immunsuppression wissenschaftlich nicht nachweisbar sei.[98] Ein solcher kann jedoch auch nicht ausgeschlossen werden.

Daneben gehen weitere erhebliche Nebenwirkungen mit dem Einsatz der genannten Wirkstoffe einher. So können Veränderungen im Sehvermögen, der Verlust der Koordinationsfähigkeit, Gedächtnisverlust, Probleme beim Sprechen oder Krampfanfälle ebenso mit dem Einsatz der Wirkstoffe verbunden sein wie erhebliche Leberschäden und Nierenfunktionsstörungen.[99]

---

93 Vgl. Lüllmann/Mohr/Hein, Pharmakologie und Toxikologie, S. 325 ff.
94 Vgl. Lüllmann/Mohr/Hein, aaO., S. 325 ff.
95 Vgl. Vajdic/van Leeuwen, Cancer incidence and risk factors after solid organ transplantation, International Journal of Cancer (2009) 125, S. 1747.
96 Vgl. Kapoor, Malignancy in kidney transplant recipients, Drugs (2008) 68, S. 11.
97 Vgl. Jouan, Décès d'Isabelle Dinoire, première greffée du visage, Le Figaro vom 06.09.2016, im Internet unter: http://sante.lefigaro.fr/actualite/2016/09/06/25357-deces-disabelle-dinoire-premiere-greffee-visage (letzter Abruf: 06.03.2018).
98 Vgl. Jouan, Décès d'Isabelle Dinoire, première greffée du visage, Le Figaro vom 06.09.2016, aaO.
99 Vgl. Riminton/Hartung/Reddel, Managing the risks of immunosuppression, Current Opinion in Neurology (2011) 24, S. 217 (218 ff.); vgl. Lüllmann/Mohr/Hein, aaO., S. 328.

Bei über zehn Prozent der Behandelten treten zudem Bluthochdruck, Kopfschmerzen oder hohe Blutfettwerte ein und bei immerhin bis zu einem Prozent der Patienten lassen sich Symptome von Gehirnerkrankungen, geistiger Verwirrung, Schlaflosigkeit sowie Bewusstlosigkeit feststellen.[100]

Corticosteroide, die ebenfalls eine immunsuppressive Wirkung entfalten und deshalb nach der Transplantation häufig in hoher Dosis eingesetzt werden, können ebenso Nebenwirkungen wie eine starke Gewichtszunahme, Diabetes, die Entwicklung eines Vollmondgesichts oder Osteoporose und damit ein erhöhtes Risiko von Knochenbrüchen zur Folge haben.[101]

Wenn also die VCA-Transplantation zur Steigerung der Lebensqualität erfolgt, eine lebensbedrohende Situation zu diesem Zeitpunkt aber grundsätzlich nicht besteht,[102] werden durch die in Zusammenhang mit der Transplantation erfolgende Immunsuppression potentiell lebensbedrohende Nebenwirkungen in Kauf genommen. Ob unter Beachtung der dargelegten Risiken der Nutzen eines derartigen Eingriffs ausreicht, um diesen ethisch zu rechtfertigen, bedarf der Klärung.

Die Einnahme von Immunsuppressiva schützt also vor bedrohlichen Abstoßungsreaktionen, birgt jedoch die genannten Risiken. Auch ist eine Abstoßung selbst bei Anwendung der Medikation nicht völlig ausgeschlossen.[103] Die Durchführung einer immunsuppressiven Therapie verringert somit zwar das Risiko von Abstoßungsreaktionen, kann diese aber nicht mit Sicherheit vermeiden. Die erwähnten Gefahren einer Tumorbildung, eines Organversagens oder schwerer Infektionen als Folge der Immunsuppression kommen hinzu.

Allerdings wäre ein Verzicht auf die Immunsuppression mit der Gefahr des Verlusts des Transplantats verbunden. Bis zum Jahr 2009 mussten zum Beispiel in China sieben Hände retransplantiert werden, weil die erforderliche immunsuppressive Therapie von den Patienten nicht eingehalten

---

100 Vgl. Land, aaO., S. 242.
101 Vgl. Land, aaO., S. 173.
102 Eine Ausnahme stellt insoweit die Transplantation der Bauchwand dar; nähere Ausführungen dazu, siehe D. II. 1. b) cc) dieser Arbeit.
103 Vgl. Petruzzo/Lanzetta/Dubernard et al., The international registry on hand and composite tissue transplantation, Transplantation (2010) 90, S. 1590 (1591).

wurde.[104] Die Gründe für die nicht ausreichende Adhärenz der VCA-Empfänger waren überwiegend infrastrukturell bedingt, vor allem war die große Entfernung zu den Transplantationszentren dafür verantwortlich, dass die Patienten nicht ausreichend versorgt wurden.[105]

Die Immunsuppression erweist sich damit nach dem heutigen Stand der medizinischen Wissenschaft als ein mit der Transplantation einhergehender zwingend erforderlicher Umstand.

Wegen der erheblichen potentiellen Nebenwirkungen dieser Therapie können Zweifel an der ethischen Rechtfertigung von VCA-Transplantationen aufkommen, vor allem wenn es keine oder keine ausreichende Aufklärung und Abwägung von Risiko und Nutzen zwischen Arzt und Patient gegeben hat.

(b) Psychische Belastungen

Überdies stellen auch die mit der VCA-Transplantation einhergehenden psychischen Belastungen einen nicht zu unterschätzenden Faktor dar.[106] So besteht das Risiko, dass sich Patienten – trotz umfassender vorab erfolgter ärztlicher Aufklärung – das Ergebnis der Operation anders vorgestellt haben, als es sich für sie nach dem Eingriff darstellt. Diese Möglichkeit existiert sowohl im Hinblick auf das äußere Erscheinungsbild als auch bezüglich Funktionalität und Sensibilität. Trotz des medizinischen Fortschritts wird sich das äußere Erscheinungsbild auch bei erfolgreich durchgeführter Transplantation vom früheren Aussehen unterscheiden.[107]

Gerade im Falle einer Gesichtstransplantation kann dies zu Enttäuschungen aufseiten des Patienten führen. Deshalb sollte der Patient sich neben den erforderlichen umfassenden physischen Untersuchungen auch eingehenden psychologischen Bewertungen seiner Situation unterziehen, um seine Erwartungen im Hinblick auf die Ergebnisse eines derartigen Eingriffs zu konkretisieren und gemeinsam mit seinen Therapeuten zu einer realistischen

---

104 Petruzzo/Lanzetta/Dubernard et al., aaO., S. 1590 (1591).
105 Vgl. Petruzzo/Lanzetta/Dubernard et al., aaO., S. 1590 (1591).
106 Vgl. Siemionow/Papay/Alam et al., Near-total human face transplantation for a severely disfigured patient in the USA, The Lancet (2009) 374, S. 203 (207 f.)
107 Vgl. Petruzzo/Testelin/Kanitakis et al., aaO., S. 236 (237).

Einschätzung dieser Ergebnisse zu gelangen, einschließlich der Möglichkeit des Transplantatverlustes.[108]
Im Hinblick auf die Wiedererlangung der Funktionalität bestehen ebenfalls Unsicherheiten. Es bedarf großer Motivation und eines erheblichen Zeitaufwands seitens des Patienten.[109] Die Wiedererlangung der Funktionsfähigkeit stellt einen langwierigen und anstrengenden Prozess dar, der einen Großteil der Zeit und Konzentration des Patienten während der ersten Jahre nach der Transplantation in Anspruch nehmen wird.[110]
Gleiches gilt für die Sensibilität. Auch hier werden sich Erfolge nur sehr langsam einstellen und die Geduld sowie das Durchhaltevermögen des Patienten herausfordern, da das Nervenwachstum einen langfristigen Vorgang darstellt, der keine schnelle Besserung erwarten lässt.[111]
Derartige Transplantationen stellen somit besonders hohe Anforderungen an das adhärente Verhalten der Patienten, um den Erfolg zu gewährleisten.[112]
Eine weitere psychische Belastung infolge einer VCA-Transplantation stellt der Umstand dar, dass der Patient von nun an mit dem Körperteil eines fremden Menschen lebt. Im Gegensatz zu Transplantationen solider Organe kommt im Falle von VCA-Transplantationen erschwerend hinzu, dass der Patient, jedenfalls bei Gesichtstransplantationen und Transplantationen

---

108 Herndon, Composite tissue transplantation – a new frontier, The New England Journal of Medicine (2000) 343, S. 503 (504).
109 Vgl. Ebinger/Mentzel/Katzmaier et al., aaO., S. 36 (38).
110 Vgl. Ebinger/Mentzel/Katzmaier et al., aaO., S. 36 (38); o. V., Spektakuläre Arm-Transplantation – Patient kann Finger bewegen, Magazin Stern vom 20.07.2009, im Internet unter: https://www.stern.de/gesundheit/spektakulaere-arm-transplantation-patient-kann-finger-bewegen-3811796.html (letzter Abruf: 30.01.2018).
111 Vgl. Spektrum – Lexikon der Neurowissenschaft, Stichwort „Regeneration", im Internet unter: http://www.spektrum.de/lexikon/neurowissenschaft/regeneration/10844 (letzter Abruf: 30.01.2018); Pomahac/Pribaz/Eriksson, Three patients with full facial transplantation, The New England Journal of Medicine (2012) 366, S. 715 (718 f.); Lantieri/Meningaud/Grimbert et al., Repair of the lower and middle parts of the face by composite tissue allotransplantation in a patient with massive plexiform neurofibroma: a 1-year follow-up study, The Lancet (2008) 372, S. 639 (642).
112 Vgl. Shores/Malek/Lee et al., aaO., S. 8.

oberer Extremitäten, stets mit diesem fremden Körperteil konfrontiert wird.[113] Während eine visuelle Wahrnehmbarkeit solider Organe durch den Patienten nicht besteht, stellt sich dies für VCA anders dar.

Durch die optische Präsenz dieser Körperteile wird die Rückkehr zur Normalität erschwert. Psychische Beeinträchtigungen können die Folge sein.[114] In seltenen Fällen führen diese Belastungen sogar dazu, dass ein VCA wieder entfernt werden muss.[115]

Psychische Belastungen infolge der Transplantation müssen bereits bei der Auswahl des passenden Patienten beachtet werden und Teil der erforderlichen umfassenden ärztlichen und psychologischen Aufklärung sein. Nicht jeder potentielle Empfänger ist in der Lage, die langwierigen rehabilitativen Prozesse psychisch unbeschadet zu überstehen.[116]

So ist bei der Auswahl unter anderem darauf zu achten, dass der Patient in einem intakten sozialen Umfeld lebt, also Unterstützung aus dem engsten Kreis seiner Vertrauten zu erwarten ist, und eine ausreichende Intelligenz, Adhärenz und insbesondere auch Frustrationstoleranz aufweist, um die langen Rehabilitationsprozesse mental und physisch zu überstehen.[117]

Diese Erfordernisse einer bereits im Vorfeld des Eingriffs vorzunehmenden gründlichen Auswahl des Patienten sowie einer sorgfältigen psychologischen Evaluation werden am Beispiel der ersten Handtransplantation im Jahre 1998 deutlich. Clint Hallam, der damals das erste Handtransplantat erhielt, erwies sich nach der Operation als ein unzuverlässiger Patient, der insbesondere die Einnahme der immunsuppressiven Medikamente verweigerte und dem, infolge dessen im Jahre 2001 die neue Hand wieder amputiert werden musste.[118] Im Rahmen einer damals nicht erfolgten sorgfältigen

---

113 Vgl. Pühler/Hübner, Komplexe Gewebe – komplexe Fragen, aaO., S. 11 (13).
114 Vgl. o. V., Transplantierte Hand wieder amputiert, Die Welt vom 05.02.2001, im Internet unter: https://www.welt.de/print-welt/article431937/Transplantierte-Hand-wieder-amputiert.html (letzter Abruf: 30.01.2018).
115 Vgl. o. V., Transplantierte Hand wieder amputiert, Die Welt vom 05.02.2001, aaO.
116 Vgl. Piza-Katzer/Wechselberger/Estermann et al., aaO., S. 210 (214).
117 Piza-Katzer/Wechselberger/Estermann et al., aaO., S. 210 (214).
118 Vgl. Altman, A pioneering transplant, and now an ethical storm, The New York Times vom 06.12.2005, im Internet unter: http://www.nytimes.com/2005/12/06/science/a-pioneering-transplant-and-now-an-ethical-storm.html (letzter Abruf: 07.03.2018).

Auswahl des Patienten sowie einer eingehenden psychologischen Begutachtung im Vorfeld des Eingriffs hätte die mangelnde Zuverlässigkeit mit hoher Wahrscheinlichkeit festgestellt werden können.[119]

(2) Nutzen

Hinsichtlich des mit einer VCA-Transplantation einhergehenden Nutzens ist maßgeblich auf die Steigerung der Lebensqualität sowie einen Vergleich mit dem, vor allem bei der Transplantation oberer Extremitäten, alternativ möglichen Einsatz von Prothesen einzugehen.

(a) Steigerung der Lebensqualität

Wesentlicher Nutzen der VCA-Transplantation ist die Steigerung der Lebensqualität des Patienten. Auf den ersten Blick erscheint die bloße Steigerung der Lebensqualität verglichen mit dem lebensrettenden Charakter von Transplantationen solider Organe als Grund für einen derartigen Eingriff kaum ausreichend.

Neben den bei jedem chirurgischen Eingriff bestehenden Risiken, die mit der Narkose oder der Chirurgie selbst verbunden sind, gilt dies vor allem im Hinblick auf die potentiell lebensbedrohenden Nebenwirkungen der Immunsuppression. Bei näherer Betrachtung ergibt sich jedoch eine differenzierte Bewertung.

Dabei stellt sich zunächst die Frage, ob den VCA-Transplantationen nicht teilweise doch ein unmittelbar lebenserhaltender Charakter zukommt. Denn gerade im Hinblick auf potentielle Patienten bei Gesichtstransplantationen oder Transplantationen oberer Extremitäten besteht die Möglichkeit einer sozialen und gesellschaftlichen Isolation, die für sie schwierig zu bewältigen sein kann.

Petruzzo et al. weisen darauf hin, dass im Vergleich aller physischen Behinderungen keine Einschränkung so schwerwiegend ist wie die Entstellung des Gesichts.[120] Diese Beeinträchtigung kann zu Depressionen und

---

119 Vgl. Altman, A pioneering transplant, and now an ethical storm, The New York Times vom 06.12.2005, aaO.
120 Petruzzo/Testelin/Kanitakis et al., aaO., S. 236.

sozialer Isolation, zu Alkohol- und Drogenmissbrauch führen und schließlich in vielen Fällen das Risiko suizidalen Verhaltens in sich bergen.[121]

Befindet sich demnach ein potentieller Empfänger in einer solchen lebensbedrohenden Situation, kann auch der VCA-Transplantation eine lebensrettende Funktion zukommen.

Aber auch wenn ein solches Risiko nicht anzunehmen ist, darf die Steigerung der Lebensqualität als Ziel des Eingriffs nicht unterschätzt werden.

Insoweit hat der Begriff des sogenannten „Social Survival", des sozialen Überlebens, eine entscheidende Bedeutung.[122] Auch wenn die Transplantationen von VCA grundsätzlich für das physische Überleben nicht notwendig sind, können sie sich dennoch erheblich auf die soziale Überlebensfähigkeit auswirken und das Leben im Empfinden der VCA-Empfänger lebenswerter machen.[123]

Die soziale und gesellschaftliche Akzeptanz stellt einen wesentlichen Bestandteil des Lebens dar. Führt eine Beeinträchtigung des äußeren Erscheinungsbildes oder eine eingeschränkte Funktionsfähigkeit zu einer sozialen und gesellschaftlichen Isolation, dann wird, selbst wenn kein akutes Suizidrisiko besteht, dennoch das soziale Überleben wesentlich tangiert.[124] Siemionow und Sonmez, die den Begriff des „Social Survival" in der Medizin entscheidend geprägt haben, gehen davon aus, dass dem sozialen Überleben eine ebenso wichtige Stellung zukommt, wie dem tatsächlichen physischen Überleben und verdeutlichen dies am Beispiel des Gesichts.[125]

Dieses stelle die physische Grundlage von Identität und Attraktivität dar; ihm komme daher eine übergeordnete Bedeutung für die soziale Interaktion zu.[126] Das Gesicht nimmt demnach eine Schlüsselrolle bei der Frage ein, wie jemand von anderen Menschen gesehen und wahrgenommen wird und letztlich in der Gesellschaft integriert ist. Auch wenn das Ergebnis der Transplantation nicht vollständig dem Zustand des Gesichts vor der Entstellung

---

121 Petruzzo/Testelin/Kanitakis et al., aaO., S. 236.
122 Vgl. Siemionow/Sonmez, aaO., S. 345 (345 ff.).
123 Vgl. Siemionow/Sonmez, aaO., S. 345 (345 ff.); Gott, aaO., S. 120.
124 Vgl. Siemionow/Sonmez, aaO., S. 345 (345 ff.).
125 Vgl. Siemionow/Sonmez, aaO., S. 345 (345 ff.).
126 Siemionow/Sonmez, aaO., S. 345.

entspricht, wurden mit den bisher durchgeführten Gesichtstransplantationen in der Regel erhebliche Verbesserungen erreicht.[127]
Ähnliche Ergebnisse zeigen sich auch bei der Transplantation der Hand. Die Hände sind ebenso wie das Gesicht ein essentieller Bestandteil des Erscheinungsbildes des Menschen und werden für fast alle Aktivitäten des täglichen Lebens benötigt.[128] So sind sie wesentliche Elemente der zwischenmenschlichen Kommunikation und vor allem wichtig für sensitive Wahrnehmungen und motorische Fähigkeiten.[129]

Die betroffenen Patienten sind im Allgemeinen nicht in gleicher Weise sozialer Ausgrenzung ausgesetzt wie Menschen mit einer Entstellung des Gesichts. Vor allem der Verlust des Tastsinnes und der nicht, oder nicht ausreichend, durch Prothesen zu ersetzenden Motorik können jedoch zu erheblichen Einschränkungen führen.

Die Transplantation von Gesicht und oberen Extremitäten ist somit von entscheidender Bedeutung für das sogenannte „Social Survival" und kann eine erhebliche Steigerung der Lebensqualität bewirken, die nach Siemionow und Sonmez auch unmittelbare Auswirkungen auf das tatsächliche physische Überleben haben kann.[130]

(b) Alternativer Einsatz von Prothesen

Ein bei der Nutzenbetrachtung aus ethischer Sicht weiterhin zu berücksichtigender Aspekt ist – zumindest im Hinblick auf die Transplantation oberer Extremitäten – die Möglichkeit des Einsatzes von Prothesen anstelle einer risikobehafteten Transplantation. Die technologische Entwicklung von Prothesen ist in den letzten Jahren vorangeschritten.[131] Es sind mittlerweile

---

127 Vgl. Lantieri/Meningaud/Grimbert et al., aaO., S. 639 (641 f.); Pomahac/Pribaz/Eriksson, aaO., S. 715 (718 f.); Petruzzo/Testelin/Kanitakis et al., aaO., S. 236 (237 ff.).
128 Herndon, aaO., S. 503.
129 Herndon, aaO., S. 503.
130 Vgl. Siemionow/Sonmez, aaO., S. 345.
131 Vgl. Surke/Ducommun dit Boudry/Vögelin, Die bionische Hand, Therapeutische Umschau (2015) 72, S. 487.

„intelligente" Prothesen verfügbar, die nahezu jede Funktion der oberen Extremitäten ersetzen können.[132]

So ist es Betroffenen dank neuer Technologien möglich, mit einer Handprothese bis zu sieben verschiedene Handpositionen zu nutzen.[133] Alltägliche Bewegungsmuster, die etwa beim Kochen, Schreiben auf einer Tastatur oder beim Umblättern vonseiten erforderlich sind, lassen sich dank solcher Prothesen in den Alltag, die Freizeit oder das Berufsleben integrieren.[134]

Handprothesen der neuen Generation beschränken sich in ihrer Funktionalität nicht nur – wie bei herkömmlichen Prothesen üblich – auf das Öffnen und Schließen der ganzen Hand, sondern ermöglichen auch die Bewegung einzelner Finger.[135] Dadurch wird ein erheblich weiteres Bewegungsspektrum geschaffen.

Darüber hinaus lassen sich auch verschiedene, bisher nicht mögliche Funktionen des Handgelenks aufgrund einer weiterentwickelten Mechanik nachbilden.[136] Damit wird es möglich, das künstliche Handgelenk zu beugen, zu strecken oder auch nach außen und innen zu drehen.[137]

Selbst die Vorstellung gedankengesteuerter Prothesen ist mittlerweile in der Realität angelangt. So haben Wissenschaftler der John Hopkins University in Baltimore im Jahre 2016 die erste gedankengesteuerte Armprothese entwickelt, die es den Patienten ermöglicht, ausschließlich durch die Kraft ihrer Gedanken wesentliche Arm- und Handfunktionen wieder auszuführen.[138]

---

132 Vgl. Pylatiuk/Döderlein, „Bionische" Armprothesen – Stand der Forschung und Entwicklung, Der Orthopäde (2006) 35, S. 1169 (1170 f.).
133 Vgl. Website der Firma ottobock, Michelangelo Hand, im Internet unter: https://www.ottobock.de/prothetik/armprothetik/systemuebersicht/michelangelo-prothesenhandsystem/?gclid=EAIaIQobChMIor-9yIb92AIVFzobCh2Mfwt2 EAAYASAAEgKZDfD_BwE (letzter Abruf: 30.01.2018).
134 Vgl. Pylatiuk/Döderlein, aaO., S. 1169 (1170 f.).
135 Vgl. Pylatiuk/Döderlein, aaO., S. 1169 (1170 f.).
136 Vgl. Website der Firma ottobock, Michelangelo Hand, aaO.
137 Vgl. Website der Firma ottobock, Michelangelo Hand, aaO.
138 Michel, Prothesen-Patienten können jetzt einzelne Finger mit Gedanken steuern, Magazin Wired vom 16.02.2016, im Internet unter: https://www.wired.de/collection/science/einzelne-finger-prothesen-koennen-nun-durch-die-kraft-der-gedanken-gesteuert (letzter Abruf: 29.01.2018).

Es lässt sich somit die Frage aufwerfen, warum eine risikobelastete VCA-Transplantation überhaupt durchgeführt werden soll, wenn es auch die Möglichkeit von nahezu gleichwertigen Prothesen gibt; zumal im Falle einer Transplantation neben den Risiken der Immunsuppression und den psychischen Belastungen auch der bezweckte Erfolg nicht mit Sicherheit vorauszusagen ist. Dennoch gibt es im Ergebnis erhebliche Unterschiede zwischen einer transplantierten Hand oder einem transplantierten Arm einerseits und einer Prothese andererseits, die die Durchführung solcher Transplantationen auch im Hinblick auf die Möglichkeit des Einsatzes weitentwickelter Prothesen gerechtfertigt erscheinen lassen.

Der größte Nachteil von Prothesen ist die fehlende Sensibilität. Keine Prothese ist gegenwärtig in der Lage, das Tastgefühl sowie Druck oder Schmerz und damit Gefühle, die für eine normale Handfunktion typisch sind, wiederherzustellen.[139] Genau darin liegt auch der Grund, weshalb viele Patienten die Verwendung von myoelektrischen Prothesen ablehnen.[140]

Im Gegensatz dazu kann der Empfänger eines entsprechenden Transplantats nicht nur die motorischen Funktionen, sondern insbesondere auch eine gewisse Sensibilität – wenn auch nur nach einem längeren rehabilitativen Prozess – wiedererlangen, sodass trotz der mit der Transplantation verbundenen Risiken der Einsatz von Prothesen grundsätzlich nicht als gleichgeeignetes milderes Mittel entgegensteht.

Besonders deutlich wird dies, wenn der Verlust beider Hände durch eine Prothese oder ein Transplantat zu kompensieren ist. In diesem Fall besteht nicht nur eine erhebliche Funktionsbeeinträchtigung, sondern es geht zusätzlich auch ein Sinnesorgan vollständig verloren.[141] Jegliche Sensibilität der Hände ist nicht mehr vorhanden und kann nur auf dem Wege einer Transplantation wiedererlangt werden.[142] Prothesen helfen insoweit nicht weiter, sodass eine Transplantation erwogen werden kann. Dies ist zum Beispiel bedeutsam, wenn die Sensibilität der Hand zur beruflichen Befähigung notwendig ist.

---

139 Herndon, aaO., S. 503 (503 f.).
140 Vgl. Piza-Katzer/Wechselberger/Estermann et al., aaO., S. 210 (215).
141 Vgl. Piza-Katzer/Wechselberger/Estermann et al., aaO., S. 210 (215).
142 Vgl. Piza-Katzer/Wechselberger/Estermann et al., aaO., S. 210 (215).

Anders könnte sich dies im Hinblick auf eine Einhandtransplantation darstellen. In einem solchen Fall ist zu bedenken, dass die funktionsfähige Hand der transplantierten stets überlegen sein wird, sowohl bezüglich der Funktion als auch bezüglich des Aussehens und auch unabhängig davon, ob der Patient eine Prothese trägt oder sich für eine Transplantation entscheidet.[143]

Dies führt dazu, dass die Funktionsbeeinträchtigungen auch durch eine Prothese überwunden werden können und die Sensibilität zumindest über die gesunde Hand sichergestellt ist, sodass auch nicht von dem vollständigen Verlust eines Sinnesorgans gesprochen werden kann.[144]

Vor dem Hintergrund der stets mit der Transplantation einhergehenden Risiken, wie den Nebenwirkungen der Immunsuppression und dem begrenzten Mehrwert einer Einhandtransplantation gegenüber dem Einsatz einer Prothese, ist zumindest die ethische Rechtfertigung der Transplantation nur einer Hand kritisch zu betrachten und im Einzelfall zu entscheiden.

bb) Autonomie des Patienten

Jenseits der umfassenden Abwägung von Nutzen und Risiken kommt der Autonomie des Patienten entscheidende Bedeutung auch im Hinblick auf die Transplantation von VCA zu. Im Einzelfall ist stets der Wille des Patienten einzuholen und bei der Entscheidung maßgeblich zu beachten.

Erforderlich ist zunächst eine Aufklärung durch den Arzt und andere Beteiligte, wie Psychologen, und sodann eine Einwilligung seitens des Patienten. Nur wenn beide Voraussetzungen erfüllt sind, kann von einem informierten Einverständnis ausgegangen werden.

An die Aufklärung über VCA-Transplantationen sind dabei hohe Anforderungen zu stellen. Da diese Arten von Transplantationen noch keine medizinische Routine darstellen, ist dem Patienten insbesondere die Möglichkeit des Scheiterns der Transplantation sowie die Gefahr einer Abstoßung, einer Reamputation oder Retransplantation zu verdeutlichen.[145]

Zudem ist der Patient über die lebenslange Immunsuppression samt ihren Nebenwirkungen und darüber aufzuklären, dass die Heilungsprozesse

---

143 Piza-Katzer/Wechselberger/Estermann et al., aaO., S. 210 (215).
144 Piza-Katzer/Wechselberger/Estermann et al., aaO., S. 210 (215).
145 Piza-Katzer/Wechselberger/Estermann et al., aaO., S. 210 (215).

sowie die motorischen und sensitiven Fortschritte nur sehr langsam voranschreiten und erhebliche Geduld und Ausdauer erfordern.[146]
Sind diese Voraussetzungen der Aufklärung erfüllt und folgt daraufhin eine wohlüberlegte Einwilligung seitens des Patienten, muss dieser Willensäußerung im Einzelfall entscheidendes Gewicht beigemessen werden.[147]
So führen auch Siemionow et al. aus, dass das ethisch begründete Recht des Patienten, selbst zu entscheiden, respektiert werden muss, nachdem der Patient zuvor über Risiken und Nutzen der Transplantation und ihrer Folgen, insbesondere das Erfordernis einer lebenslangen Immunsuppression, aufgeklärt worden ist.[148]

cc) Gerechtigkeit gegenüber anderen Beteiligten

Aus ethischer Sicht sind auch die Bedürfnisse und Interessen anderer beteiligten Personen angemessen zu berücksichtigen.

So ist insbesondere die Situation des Spenders und seiner Angehörigen zu beachten. Zum einen wird der Leichnam des Spenders gerade im Falle einer Gesichtstransplantation bis zur Unkenntlichkeit entstellt; zum anderen müssen die Angehörigen akzeptieren, dass von nun an ein anderer Mensch mit Körperteilen ihres verstorbenen Angehörigen lebt.

Relativierend ist jedoch einzuwenden, dass das neu transplantierte Gesicht weder dem ursprünglichen Spender- noch dem vorherigen Empfängergesicht ähnelt und darüber hinaus die plastische Chirurgie durch die vorherige Entnahme von Abdrücken in der Lage ist, das Gesicht des verstorbenen Spenders nahezu realitätsgetreu wiederherzustellen, sodass auch ein etwaiges Abschiednehmen vom Leichnam in einer für die Angehörigen zumutbaren Art und Weise möglich ist.[149]

---

146 Vgl. Piza-Katzer/Wechselberger/Estermann et al., aaO., S. 210.
147 Anders zu beurteilen ist die Situation, wenn der informierte Patient dennoch einen, bei Abwägung von Nutzen und Risiken, unvertretbaren Eingriff verlangt. In einem solchen Fall muss das grundsätzlich dominierende Prinzip der Autonomie zurückstehen.
148 Vgl. Siemionow/Papay/Alam et al., aaO., S. 203 (209).
149 Vgl. Bueno/Barret/Serracanta et al., Logistics and strategy of multiorgan procurement involving total face allograft, American Journal of Transplantation (2011) 11, S. 1091 (1092 ff.); nähere Ausführungen hierzu, siehe D. III. 3.

46 Medizinethische Aspekte bei der Transplantation von VCA

2. Bewertung

Letztlich ist festzustellen, dass die Transplantation von VCA in der Beurteilung aus ethischer Perspektive erhebliche Unterschiede zur Transplantation solider Organe aufweist und teilweise anders zu bewerten ist. Dies gilt insbesondere, wenn eine unmittelbar lebensrettende Funktion der VCA-Transplantationen nicht angenommen werden kann.[150] Unter Berücksichtigung der mit Transplantationen stets einhergehenden erheblichen Risiken, wie den potentiellen Nebenwirkungen von Immunsuppressiva, und in Abwägung dieser Risiken mit dem Ziel der Steigerung der Lebensqualität, ist eine ethische Rechtfertigung der VCA-Transplantationen kritisch zu beurteilen. Wesentliche Bedeutung für die Durchführung des Eingriffs ist dabei im Einzelfall dem Willen des wohlinformierten Patienten beizumessen.

Sollte es gelingen, den erforderlichen Einsatz immunsuprimierender Medikamente einzudämmen beziehungsweise die Nebenwirkungen zu verringern, stünden der Transplantation von VCA aus ethischer Perspektive deutlich weniger Bedenken entgegen.

---

150 Ausnahmen stellen zum Beispiel VCA-Transplantationen dar, bei denen auch suizidale Neigungen der Patienten zu berücksichtigen sind; ebenso die Transplantation der vaskularisierten Bauchwand im Zusammenhang mit der Transplantation solider Organe.

C. Gewebe und Organe

Um zunächst einen Rahmen für den Umgang mit VCA zu schaffen und die medizinische sowie insbesondere rechtliche Einordnung zu ermöglichen, ist die Klärung wesentlicher Fragen und die Erläuterung grundlegender Verständnisse bezüglich Geweben und Organen notwendig. Vaskularisierte komplexe Gewebe sind ihrem Wesen nach weder eindeutig den einfachen nicht-vaskularisierten Geweben noch den soliden Organen zuzuordnen. Dennoch weisen sie zu beiden Parallelen auf. Während alleine die Begrifflichkeit zunächst auf eine Zuordnung von VCA zu den Geweben hinweist, könnte bei näherer Betrachtung auch eine Behandlung komplexer Gewebe als Organe überzeugend erscheinen.

I. Gewebe

Für den weiteren Fortgang der Untersuchung wird zunächst eine Klärung von Definitionen und rechtlichen Einordnungen von Geweben vorgenommen.

1. Gewebe aus medizinischer Sicht

Gewebe sind nach der medizinischen Definition ein „Verband von Zellen gleichartiger Differenzierung und deren Interzellularsubstanz".[151] Dabei wird die Zelle als die „kleinste Bau- und Funktionseinheit von Organismen"[152] verstanden.

Es gibt verschiedene Arten von Gewebe. Neben dem Epithelgewebe und dem Bindegewebe existieren auch das Nerven- und Muskelgewebe.[153] So gehören zum Muskelgewebe die quergestreifte Skelettmuskulatur, die quergestreifte Herzmuskulatur sowie die glatte Muskulatur,[154] während das Nervengewebe aus den Nervenzellen sowie den Gliazellen besteht.[155]

---

151 Pschyrembel, Klinisches Wörterbuch, Stichwort „Gewebe", S. 755.
152 Pschyrembel, aaO., Stichwort „Zelle", S. 2282.
153 Tortora/Derrickson, Anatomie und Physiologie, S. 131.
154 Ulfig, Kurzlehrbuch Histologie, S. 60.
155 Ulfig, aaO., S. 68

48 Gewebe und Organe

2. Gewebe aus rechtlicher Sicht

Bezüglich der rechtlichen Einordnung von Geweben ist zwischen europäischer und nationaler Ebene zu differenzieren.

a) Rechtliche Einordnung in der Europäischen Union

Auf Ebene der Europäischen Union besteht ein differenziertes und detailliertes Regelungssystem bezüglich der rechtlichen Qualifizierung von Geweben. Die Vorgaben der Europäischen Union ergeben sich dabei aus der Geweberichtlinie[156] und ihren zwei Durchführungsrichtlinien,[157] der Arzneimittelrichtlinie[158] und der Verordnung „Neuartige Therapien"[159]. Zentrale Bedeutung kommt dabei der Geweberichtlinie zu.

Hauptziel dieser Richtlinie ist die Festlegung hoher Qualitäts- und Sicherheitsstandards für menschliche Gewebe und Zellen, die zur medizinischen Verwendung bei Menschen bestimmt sind.[160] Aus der Präambel der Geweberichtlinie ergibt sich zudem, dass einheitliche Rahmenbedingungen für

---

156 Richtlinie 2004/23/EG des Europäischen Parlaments und des Rates v. 31.3.2004 zur Festlegung von Qualitäts- und Sicherheitsstandards für die Spende, Beschaffung, Testung, Verarbeitung, Konservierung, Lagerung und Verteilung von menschlichen Geweben und Zellen.
157 Richtlinie 2006/17/EG der Kommission v. 8.2.2006 zur Durchführung der Richtlinie 2004/23/EG des Europäischen Parlaments und des Rates hinsichtlich technischer Vorschriften für die Spende, Beschaffung und Testung von menschlichen Geweben und Zellen; Richtlinie 2006/86/EG der Kommission v. 24.10.2006 zur Umsetzung der Richtlinie 2004/23/EG des Europäischen Parlaments und des Rates hinsichtlich der Anforderungen an die Rückverfolgbarkeit, der Meldung schwerwiegender Zwischenfälle und unerwünschter Reaktionen sowie bestimmter technischer Anforderungen an die Kodierung, Verarbeitung, Konservierung, Lagerung und Verteilung von menschlichen Geweben und Zellen.
158 Richtlinie 2001/83/EG des Europäischen Parlaments und des Rates v. 6.11.2001 zur Schaffung eines Gemeinschaftskodexes für Humanarzneimittel.
159 Verordnung (EG) Nr. 1394/2007 des europäischen Parlaments und des Rates v. 13.11.2007 über Arzneimittel für neuartige Therapien und zur Änderung der Richtlinie 2001/83/EG.
160 Vgl. Erwägungsgrund 31 der Richtlinie 2004/23/EG, Amtsblatt der Europäischen Union vom 7.4.2004, L 102/50; Pühler/Hübner/Middel, Regelungssystematische Vorschläge zur Umsetzung der Richtlinie 2004/23/EG (Geweberichtlinie), Medizinrecht (2007) 25, S. 16 (17).

die Gewährleistung hoher Qualitäts- und Sicherheitsstandards geschaffen werden und dadurch ein Austausch von Geweben und Zellen unter den Mitgliedsstaaten der Europäischen Union unter Einhaltung dieser Standards ermöglicht werden sollen.

Die Richtlinie definiert Gewebe gemäß Art. 3 lit. b als „alle aus Zellen bestehenden Bestandteile des menschlichen Körpers". Zellen sind nach Art. 3 lit. a einzelne menschliche Zellen oder Zellansammlungen, die durch keine Art von Bindegewebe zusammengehalten werden.

Nach Art. 2 Abs. 1 „gilt diese Richtlinie für die Spende, Beschaffung, Testung, Verarbeitung, Konservierung, Lagerung und Verteilung von zur Verwendung beim Menschen bestimmten menschlichen Geweben und Zellen sowie von auf der Basis von zur Verwendung beim Menschen bestimmten menschlichen Geweben und Zellen hergestellten Produkten".

Art. 2 Abs. 2 der Richtlinie schränkt den Geltungsbereich ein. Danach findet die Geweberichtlinie keine Anwendung auf Gewebe und Zellen, die innerhalb ein und desselben chirurgischen Eingriffs als autologes Transplantat verwendet werden (lit. a), auf Blut und Blutbestandteile (lit. b) sowie auf Organe oder Teile von Organen, wenn sie zum gleichen Zweck wie das ganze Organ im menschlichen Körper verwendet werden (lit. c). Unter einer autologen Verwendung im Sinne von lit. a versteht die Richtlinie gemäß Art. 3 lit. q die Entnahme von Zellen oder Geweben und ihre Rückübertragung auf ein und dieselbe Person.

Weiterhin findet die Geweberichtlinie bei Geweben und Zellen, die für die Nutzung industriell hergestellter Produkte bestimmt sind, nur Anwendung auf die Spende, Beschaffung und Testung, da die weiteren Schritte der Verarbeitung, Konservierung, Lagerung und Verteilung durch die Arzneimittelrichtlinie als insoweit vorrangig anzuwendende Richtlinie geregelt werden.[161]

Darüber hinaus ist auch die forschungsbedingte Nutzung menschlicher Zellen und Gewebe nicht vom Geltungsbereich der Richtlinie erfasst, sofern

---

161 Vgl. Erwägungsgrund 6 der Richtlinie 2004/23/EG, Amtsblatt der Europäischen Union vom 7.4.2004, L 102/48; Pühler/Hübner, Komplexe Gewebe – komplexe Fragen, aaO., S. 11 (14).

diese für andere Zwecke als für die Verwendung im oder am menschlichen Körper bestimmt sind.[162]

Dagegen unterliegen Gewebe und Zellen, samt hämatopoetischer Stammzellen aus peripherem Blut, Nabelschnurblut, Knochenmark, Eizellen, Samenzellen, fötale Gewebe und Zellen sowie adulte und embryonale Stammzellen dem Anwendungsbereich der Richtlinie.[163]

Aus den Erwägungsgründen der Richtlinie ergeben sich prägende Grundsätze und Wertungen. So leitet sich aus Erwägungsgrund (3) das Erfordernis von Informations- und Sensibilisierungskampagnen über Gewebe-, Zell- und Organspenden unter dem Motto „Wir alle sind potentielle Spender" ab. Damit soll es Menschen erleichtert werden, sich für eine Organspende zu entscheiden und ihren Angehörigen oder gesetzlichen Vertretern diesen Willen mitzuteilen. Zudem soll die Würde verstorbener Spender gewahrt werden, wobei der angemessenen Rekonstruktion des Körpers des verstorbenen Spenders besondere Bedeutung zukommt.[164]

Dieser Erwägungsgrund enthält allerdings kein Gebot, sondern ist vielmehr eine Soll-Vorschrift ohne verbindlichen Charakter.

Gleiches gilt für den Erwägungsgrund (18), wonach die Spende von Geweben und Zellen auf den Grundsätzen der Freiwilligkeit, Unentgeltlichkeit und Anonymität von Spender und Empfänger, Uneigennützigkeit des Spenders sowie der Solidarität zwischen Spender und Empfänger beruhen sollte.

Übereinstimmend damit wird in Art. 12 Abs. 1 der Richtlinie ein bloßes „Streben" der Mitgliedsstaaten nach der Sicherstellung freiwilliger und unentgeltlicher Spenden von Geweben und Zellen formuliert. Auch insoweit lässt sich ein verbindlicher Charakter dieser Regelungen nicht feststellen.[165]

---

162 Vgl. Erwägungsgrund 11 der Richtlinie 2004/23/EG, Amtsblatt der Europäischen Union vom 7.4.2004, L 102/49.
163 Vgl. Erwägungsgrund 7 der Richtlinie 2004/23/EG, Amtsblatt der Europäischen Union vom 7.4.2004, L 102/48.
164 Vgl. Erwägungsgrund 16 der Richtlinie 2004/23/EG, Amtsblatt der Europäischen Union vom 7.4.2004, L 102/49.
165 Anders stellt sich dies in der Organrichtlinie dar, die insoweit verbindliche Regelungen enthält. Bezüglich der Frage, ob solche Verpflichtungen seitens der Europäischen Union aufgrund mangelnder Kompetenz unzulässig sind, siehe C. II. 2. a) bb) (3) dieser Arbeit.

Darüber hinaus enthält Erwägungsgrund (21) den Grundsatz der Transparenz, wonach allen zugelassenen Gewebeeinrichtungen Zugang zu entsprechenden Geweben und Zellen gewährt werden sollte.

Erwägungsgrund (23) regelt darüber hinaus das Erfordernis des Datenschutzes zukünftiger Gewebe- und Zellspender.

Neben der Geweberichtlinie bestehen mit den beiden Durchführungsrichtlinien, der Arzneimittelrichtlinie und der Verordnung „Neuartige Therapien" weitere europäische Rechtsquellen bezüglich des Umgangs mit menschlichen Geweben und Zellen. Damit werden auch die in Zusammenhang mit menschlichen Geweben und Zellen stehenden und von der Geweberichtlinie nicht erfassten Sachverhalte bereits auf europäischer Ebene umfassend geregelt.

Während die erste Durchführungsrichtlinie 2006/17/EG die technischen Anforderungen an Spende, Beschaffung und Testung menschlicher Gewebe und Zellen regelt,[166] befasst sich die zweite Durchführungsrichtlinie 2006/86/EG insbesondere mit der Schaffung und Gewährleistung angemessener Rückverfolgbarkeitsstrukturen[167] sowie den Schritten der Verarbeitung, Konservierung, Lagerung und Verteilung von menschlichen Zellen und Geweben.[168]

Die Arzneimittelrichtlinie regelt die nach der Spende, Beschaffung und Testung von menschlichen Geweben und Zellen weiteren Schritte der industriellen Herstellung und ist insoweit vorrangig vor der Geweberichtlinie anzuwenden.[169]

Dagegen enthält die Verordnung „Neuartige Therapien" spezielle Vorschriften für die Genehmigung, Überwachung und Pharmakovigilanz von

---

166 Vgl. Art. 2–7 der Richtlinie 2006/17/EG, Amtsblatt der Europäischen Union vom 9.2.2006, L 38/41–42; Pühler/Hübner/Middel, Regelungssystematische Vorschläge zur Umsetzung der Richtlinie 2004/23/EG (Geweberichtlinie), aaO., S. 16 (18).
167 Vgl. Art. 9 der Richtlinie 2006/86/EG, Amtsblatt der Europäischen Union vom 25.10.2006, L 294/35.
168 Vgl. Art. 1 Abs. 1 der Richtlinie 2006/86/EG, Amtsblatt der Europäischen Union vom 25.10.2006, L 294/33.
169 Pühler/Hübner/Middel, Regelungssystematische Vorschläge zur Umsetzung der Richtlinie 2004/23/EG (Geweberichtlinie), aaO., S. 16 (18).

Arzneimitteln für neuartige Therapien, die aufgrund deren Neuheit, Komplexität und technischen Besonderheit erforderlich sind.[170]

Das Europarecht differenziert somit klar zwischen dem Geltungsbereich der Geweberichtlinie und der Arzneimittelrichtlinie.

b) Rechtliche Einordnung auf nationaler Ebene

aa) Gewebegesetz

Die Mitgliedstaaten der Europäischen Union sind zur Umsetzung europäischer Richtlinien verpflichtet.[171] Die Bunderepublik Deutschland ist der Pflicht zur Umsetzung der Geweberichtlinie durch das Gesetz über die Qualität und Sicherheit von menschlichen Geweben und Zellen vom 20.07.2007, kurz: Gewebegesetz, nachgekommen. Dieses Gewebegesetz stellt sich als Artikelgesetz dar, welches Veränderungen und Erweiterungen des Arzneimittelgesetzes (AMG)[172], des Transplantationsgesetzes sowie des Transfusionsgesetzes (TFG)[173] herbeigeführt hat. Mit diesem Gesetz wird der rechtliche Rahmen für den Umgang mit der Zell- und Gewebemedizin in Deutschland etabliert.

Ziel des Gesetzes ist die Gewährleistung von Qualität und Sicherheit von Geweben bei der medizinischen Versorgung der Bevölkerung.[174] Diese Vorgaben sind zum Schutz der Gesundheit bei der Entnahme, Gewinnung, Untersuchung, Be- und Verarbeitung, Aufbewahrung und Konservierung von Gewebe zu beachten.[175] Das Gleiche gilt für die Abgabe an Einrichtungen der medizinischen Versorgung sowie an Gewebebanken und andere Gewebe verarbeitende Einrichtungen.[176]

---

170 Vgl. Art. 1 sowie Erwägungsgrund 5 der Verordnung (EG) Nr. 1394/2007, Amtsblatt der Europäischen Union vom 10.12.2007, L 324/121.
171 Vgl. Art. 288 Abs. 3 AEUV
172 Gesetz über den Verkehr mit Arzneimitteln (Arzneimittelgesetz – AMG) vom 01.01.1978.
173 Gesetz zur Regelung des Transfusionswesens (Transfusionsgesetz – TFG) vom 01.07.1998.
174 Hübner/Middel/Pühler, Zum Gesetzgebungsverfahren für ein Gewebegesetz, in: Pühler/Middel/Hübner (Hrsg.), Praxisleitfaden Gewebegesetz, S. 3 (4).
175 Hübner/Middel/Pühler, Zum Gesetzgebungsverfahren für ein Gewebegesetz, aaO., S. 3 (4).
176 Hübner/Middel/Pühler, Zum Gesetzgebungsverfahren für ein Gewebegesetz, aaO., S. 3 (4).

Mithilfe des Gewebegesetzes wurde im TPG der Vorrang der Organ- vor der Gewebespende stärker hervorgehoben[177] und die Kommerzialisierbarkeit für menschliche Gewebe und Zellen ermöglicht.[178] Im AMG erfolgte zum Beispiel eine undifferenzierte Unterstellung von Geweben und Zellen unter eben dieses Gesetz,[179] sowie die Einführung von Vorschriften für die Be- und Verarbeitung, Konservierung, Lagerung und das Inverkehrbringen von Gewebe und Gewebezubereitungen, die nicht industriell hergestellt werden.[180] Im Rahmen des Transfusionsgesetzes (TFG) führte das Gewebegesetz unter anderem zur Einführung einer Verordnungsermächtigung zum Festlegen von Anforderungen an die Gewinnung von Blut und Blutbestandteilen.[181]

bb) Rechtliche Gewebedefinition

Seit der Einführung des Gewebegesetzes werden Gewebe in § 1a Nr. 4 TPG als „alle aus Zellen bestehenden Bestandteile des menschlichen Körpers, die keine Organe nach § 1a Nr. 1 sind, einschließlich einzelner menschlicher Zellen", definiert. Da zuvor Gewebe rechtlich der Organdefinition des § 1 Abs. 1 S. 1 TPG a. F. zuzuordnen waren, wurden mit der Einführung des Gewebegesetzes erstmals Gewebe von Organen rechtlich abgegrenzt.[182] Dies führte zu einer Abkehr vom bislang verwendeten weiten, undifferenzierten Gewebebegriff.[183]

Von der Gewebedefinition sind gemäß § 1 Abs. 2 Nr. 1 TPG Gewebe ausgenommen, „die innerhalb ein und desselben chirurgischen Eingriffs einer Person entnommen werden, um auf diese rückübertragen zu werden". Auch Blut und Blutbestandteile sind gemäß § 1 Abs. 2 Nr. 2 TPG nicht durch diese Gewebedefinition erfasst.

---

177 Vgl. § 9 Abs. 2 TPG.
178 Vgl. § 17 TPG.
179 Vgl. § 1a TPG iVm. § 2 Abs. 3 Nr. 8 AMG.
180 Vgl. § 20c AMG.
181 Vgl. § 12 TFG.
182 Gott, aaO., S. 14.
183 Gott, aaO., S. 14; König, in: Schroth/König/Gutmann/Oduncu (Hrsg.), TPG, § 1, Rn. 7 f.

cc) Umsetzung der Geweberichtlinie

Die Umsetzung der Geweberichtlinie durch den deutschen Gesetzgeber in nationales Recht war von Beginn an erheblicher Kritik ausgesetzt. Die Frage nach der ordnungsgemäßen Umsetzung der Richtlinie kann auch für die rechtliche Bewertung von VCA-Transplantationen bedeutsam sein.

Die Gewebemedizin beinhaltet medizinische Möglichkeiten, wie die Gewebetransplantation, die Reparatur defekten Gewebes sowie die Bildung oder Züchtung ganzer Gliedmaßen und reicht damit von der Gewebetransplantation bis zu neuartigen Verfahren der regenerativen Medizin.[184]

Die Transplantation von nicht-vaskularisiertem Gewebe ist in weiten Teilen bereits medizinische Routine. Dagegen sind Therapien im Bereich der regenerativen Medizin, wie das Tissue Engineering, noch experimenteller Art.[185]

Beim Tissue Engineering handelt es sich um die künstliche Herstellung biologischer Gewebe, indem gezielt Zellen kultiviert werden, um kranke Gewebe zu ersetzen oder zu regenerieren.[186] Mit dieser neuen Technologie sollen nicht-vaskularisierte Gewebe, aber auch vaskularisierte komplexe Gewebe und solide Organe, nachgebildet und in vitro durch auf der Basis autologer Zellen gezüchteter biologischer Strukturen ersetzt werden.[187]

Ein besonderer Vorteil der so gezüchteten vaskularisierten komplexen Gewebe und soliden Organe wäre, dass die Nebenwirkungen der immunsuppressiven Therapie entfallen könnten.[188]

---

184 Schreiber/Lilie, Vorwort, in: Pühler/Middel/Hübner (Hrsg.), Praxisleitfaden Gewebegesetz, S. XI; Knobloch/Vogt/Rennekampf, Composite Tissue Allotransplantation (CTA): Organ- oder Gewebetransplantation?, HaMiPla 2009, S. 205 (207).
185 Vgl. Pühler/Hübner/Middel, Regelungssystematische Vorschläge zur Umsetzung der Richtlinie 2004/23/EG (Geweberichtlinie), aaO., S. 16 (17).
186 Vgl. Mayer/Blum/Wintermantel, Grundlagen des tissue engineering, in: Wintermantel/Ha (Hrsg.), Medizintechnik: Life Science Engineering 2009, S. 373 (373 f.); Klinge/Steinhoff, Künstliche Organe und Gewebe mittels Tissue Engineering, in: Oduncu/Schroth/Vossenkuhl (Hrsg.), Transplantation – Organgewinnung und -allokation, S. 333 ff.
187 Schreiber/Lilie, aaO., S. XI.
188 Vgl. Mayer/Blum/Wintermantel, aaO., S. 373 (373).

Bei der Gewebetransplantation einerseits und den Methoden der regenerativen Medizin andererseits handelt es sich um unterschiedliche Ansätze der Gewebemedizin, die eine differenzierte rechtliche Betrachtung und damit individuelle Regelungen erfordern.[189]

Um dem gerecht zu werden, hat die Europäische Union einen umfassenden, differenzierten Regelungsansatz gewählt. Es wurden verschiedene, sich ergänzende Richtlinien erlassen, um einen angemessenen rechtlichen Umgang mit diesem komplexen Bereich der Gewebemedizin zu ermöglichen.

So fallen insbesondere Gewebe und Zellen zur Transplantation unter die Geweberichtlinie und nicht unter die Arzneimittelrichtlinie. Damit wird eine arzneimittelrechtliche Behandlung derartiger Gewebe und Zellen, die durch Zustimmungs- und Erlaubniserfordernisse geprägt wäre und sich erschwerend auf die Gewebetransplantation ausgewirkt hätte, vermieden.[190]

Die Europäische Union hat folglich bewusst zwischen verschiedenen Regelungsgegenständen differenziert und diese unterschiedlichen Richtlinien unterworfen.[191]

Der detaillierte und differenzierte Ansatz der Europäischen Union wird unter anderem durch Art. 6 Abs. 5 der Geweberichtlinie deutlich. Danach können einige spezifizierte Gewebe und Zellen zur sofortigen Transplantation direkt an den Empfänger verteilt werden und unterliegen nicht der Zulassung, Benennung, Genehmigung oder Lizenzierung im Sinne des Art. 6 der Richtlinie.

Es wird demnach nicht nur zwischen Gewebespende und den weiteren Schritten industrieller Herstellung differenziert und damit eine klare Abgrenzung zwischen Gewebe- und Arzneimittelrichtlinie vorgenommen, sondern auch zwischen Gewebetransplantaten auf der einen Seite und Geweben zur weiteren Prozessierung auf der anderen Seite.[192]

---

189 Schreiber/Lilie, aaO., S. XII.
190 Vgl. D. II. 1. b) aa) (2) dieser Arbeit.
191 Pühler/Hübner/Middel, EU-rechtliche Rahmenbedingungen, in: Pühler/Middel/Hübner (Hrsg.), Praxisleitfaden Gewebegesetz, S. 11 (11).
192 Pühler/Hübner/Middel, Regelungssystematische Vorschläge zur Umsetzung der Richtlinie 2004/23/EG (Geweberichtlinie), aaO., S. 16 (18).

Der deutsche Gesetzgeber hat mit der Umsetzung der Geweberichtlinie durch das Gewebegesetz einen besonderen, eigenen Weg beschritten und dafür viel Kritik geerntet.[193]

Zwar hat das Gewebegesetz als Artikelgesetz auch das TPG geändert und Gewebe grundsätzlich dessen Regelungsbereich unterworfen, allerdings hat der Gesetzgeber sich darüber hinaus für eine arzneimittelrechtlich geprägte Umsetzung der Richtlinie entschieden und sämtliche Gewebearten ohne weitere Differenzierungen den Regelungen des AMG unterstellt.

Grund dafür ist, dass sich der Begriff der Gewebezubereitung in § 4 Abs. 30 AMG auf alle Gewebe im Sinne von § 1a Nr. 4 TPG erstreckt.[194] Damit werden sämtliche Gewebe, auch wenn sie, wie Herzklappen oder Augenhornhäute, nicht verarbeitet werden, vom Anwendungsbereich des AMG erfasst.[195]

In dieser undifferenzierten und einheitlichen Behandlung verschiedenster Gewebe liegt der Hauptpunkt der Kritik.[196] Es muss bezweifelt werden, ob es angemessen ist, Gewebe und Zellen menschlichen Ursprungs als Arzneimittel zu behandeln, da die Regelungen des AMG für menschliche Zellen und Gewebe grundsätzlich nicht geeignet sind.[197] Beispielsweise stellen sich Fragen zur Wirksamkeit oder zu etwaigen Nebenwirkungen bei einer mechanisch funktionierenden Herzklappe nicht in derselben Art und Weise wie bei Medikamenten mit pharmakologischen oder metabolischen Wirkungen.[198] Vielmehr müssten solche Gewebetransplantate, ebenso wie Organtransplantate, den Regelungen des TPG unterworfen werden.

---

193 Vgl. Stellungnahme des Bundesrates vom 13.10.2006, Bundesratsdrucksache 543/06, S. 45, im Internet unter: http://dipbt.bundesrat.de/dip21/brd/2006/0543-06B.pdf (letzter Abruf am 10.01.2018); Erweiterte und aktualisierte Stellungnahme der Bundesärztekammer vom 24.01.2007 zum Regierungsentwurf für ein Gewebegesetz, S. 18, im Internet unter: http://www.bundesaerztekammer.de/fileadmin/user_upload/downloads/ZRegStell20070124.pdf (letzter Abruf am 13.02.2018); Pühler/Ehninger, Das Gewebegesetz – ein „last-minute"-Gesetz?, in: Götting/Sternberg-Lieben (Hrsg.), Der Mensch als Ware, S. 75 (75).
194 Schreiber/Lilie, aaO., S. XIII.
195 Lilie, Composite Tissue – Organe, Gewebe oder Aliud, aaO., S. 263 (268).
196 Lilie, Composite Tissue – Organe, Gewebe oder Aliud, aaO., S. 263 (269).
197 Vgl. Lilie, Composite Tissue – Organe, Gewebe oder Aliud, aaO., S. 263 (268).
198 Schreiber/Lilie, aaO., S. XII.

Zudem leuchtet es nicht ein, weshalb Gewebetransplantate, die weder be- noch verarbeitet werden, wie Arzneimittel behandelt werden sollen und somit bestimmten Erlaubnis- oder Zustimmungserfordernissen unterliegen.[199] Gewebetransplantate stellen grundsätzlich gerade keine standardisierbaren Produkte dar, wie es Arzneimittel sind, sodass das AMG zur Sicherstellung der Qualität und Sicherheit von Gewebetransplantaten ein verfehlter Regelungsansatz ist.[200]

Neben dieser nicht differenzierten Behandlung aller Gewebe durch das AMG war auch der damit verbundene hohe finanzielle, personelle und bürokratische Aufwand Gegenstand wiederkehrender Kritik.[201]

Gleiches gilt für die Ausgestaltung des Gewebegesetzes als Artikelgesetz anstelle eines eigenständigen Gesetzes.[202]

Im internationalen Vergleich fällt auf, dass der deutsche Gesetzgeber ohne ersichtlichen Grund einen komplizierten Sonderweg gegangen ist.[203]

So erfolgte in Österreich die Umsetzung durch ein eigenständiges Gewebegesetz, ohne dass es erwähnenswerter Änderungen der bereits bestehenden gesetzlichen Regelungen bedurft hätte.[204]

Dabei wurde der in Deutschland gewählte undifferenzierte und arzneimittelrechtlich geprägte Weg dem Gesetzgeber von der Europäischen Union

---

199 Vgl. Gutmann/Wiese, Zum rechtlichen Status von „vascularized composite allografts", Medizinrecht (2014) 32, S. 84 (87).
200 Vgl. Lilie, Composite Tissue – Organe, Gewebe oder Aliud, aaO., S. 263 (269).
201 Vgl. Hübner/Middel/Pühler, Zum Gesetzgebungsverfahren für ein Gewebegesetz, aaO., S. 3 (7).
202 Hübner/Middel/Pühler, Zum Gesetzgebungsverfahren für ein Gewebegesetz, aaO., S. 3 (7).
203 Vgl. Europäische Kommission, Übersicht über die Umsetzung der Geweberichtlinie in den Staaten der Europäischen Union vom 06.02.2007, im Internet unter: http://ec.europa.eu/health/ph_threats/human_substance/documents/tissues_responses_en.pdf (letzter Abruf: 11.01.2018).
204 Vgl. österreichisches Bundesgesetz über die Festlegung von Qualitäts- und Sicherheitsstandards für die Gewinnung, Verarbeitung, Lagerung und Verteilung von menschlichen Zellen und Geweben zur Verwendung beim Menschen (Gewebesicherheitsgesetz-GSG) vom 19.03.2008, Bundesgesetzblatt I Nr. 49/2008, im Internet unter: https://www.ris.bka.gv.at/GeltendeFassung.wxe?Abfrage=Bundesnormen&Gesetzesnummer=20005698&ShowPrintPreview=True (letzter Abruf: 20.01.2018).

nicht vorgegeben. Anders als die deutschen Regelungen weisen die europarechtlichen Vorgaben einen komplexen, differenzierten und strukturierten Charakter auf.

Es stellt sich die Frage, ob insoweit noch von einer ordnungsgemäßen Umsetzung der Geweberichtlinie in nationales Recht gesprochen werden kann oder sich die Umsetzung als unzulässig darstellt, da der Gesetzgeber die von der Richtlinie vorgegebene Regelungsstruktur gerade nicht übernommen hat.

Bei der Beantwortung dieser Frage kommt es maßgeblich darauf an, welche Anforderungen an den nationalen Gesetzgeber bei der Umsetzung zu stellen sind, inwieweit er also an die umzusetzende Richtlinie tatsächlich gebunden ist.

Richtlinien sind nach Art. 288 AEUV hinsichtlich des zu erreichenden Ziels verbindlich, überlassen den Mitgliedstaaten jedoch die Wahl der Form und der Mittel. Bei genauerer Betrachtung erscheint diese Formulierung des Art. 288 AEUV jedoch missverständlich. Indem die Richtlinie nicht nur Ziele festlegt, sondern auch den von den Mitgliedsstaaten herzustellenden Rechtszustand definiert, nimmt sie auch Einfluss auf die Mittel der Mitgliedsstaaten.[205]

Eine Wahlmöglichkeit der Staaten besteht somit nur, wenn und soweit die Richtlinie keine Festlegung trifft.[206] Aus Art. 288 AEUV ergibt sich nicht, dass den Staaten zwingend ein Regelungsspielraum erhalten werden muss, vielmehr wurde diese Möglichkeit als grundsätzliche Option in Art. 288 AEUV vorgesehen.[207] Man ging davon aus, dass jeder Staat seine eigenen Gegebenheiten am besten kennt und somit selbst einschätzen und entscheiden kann, wie nationale und internationale Erfordernisse im jeweiligen nationalen Rechtssystem miteinander zu vereinbaren sind.[208]

Diese den Mitgliedsstaaten grundsätzlich zugestandene Entscheidungsfreiheit schließt aber nicht aus, dass die Ziele einer Richtlinie auch sehr

---

205 Nettesheim, in: Grabitz/Hilf/Nettesheim (Hrsg.), Das Recht der EU, Art. 288 AEUV, Rn. 112.
206 Nettesheim, aaO., Art. 288 AEUV, Rn. 112.
207 Vgl. Geismann, in: Von der Groeben/Schwarze/Hatje (Hrsg.), Europäisches Unionsrecht, Art. 288 AEUV, Rn. 41.
208 Vgl. Geismann, aaO., Art. 288 AEUV, Rn. 44.

detailliert geregelt werden können, sodass dem Staat faktisch kein Handlungsspielraum mehr verbleibt.[209]

Bei der Festlegung der Regelungsintensität ist der Normgeber grundsätzlich frei, sodass auch Richtlinien, die detaillierte Bestimmungen erfordern und enthalten, nicht sogleich formal die Rechtsnatur einer Richtlinie verlieren.[210] Die Zulässigkeit einer solchen Richtlinie ergibt sich sodann, unter Beachtung des Grundsatzes der Verhältnismäßigkeit, aus der zu erhaltenden Funktionsfähigkeit der EU.[211] Art. 288 AEUV steht somit auch absolut bestimmenden Richtlinien nicht entgegen.[212]

Richtlinien dienen insbesondere als Instrument einer Rechtsangleichung, nicht jedoch einer Rechtsvereinheitlichung. Entscheidendes Ziel ist die Harmonisierung der Rechtsordnungen der Mitgliedsstaaten.[213] Diesem Ziel ist Vorrang gegenüber dem Umsetzungsspielraum des nationalen Gesetzgebers zu gewähren.[214]

Auch die Geweberichtlinie dient der Harmonisierung der Rechtssysteme der einzelnen Mitgliedsstaaten. So soll innerhalb der EU ein hoher Qualitäts- und Sicherheitsstandard gewährleistet und ein europaweiter Austausch von Geweben und Gewebeprodukten erleichtert werden, um die Patientenversorgung zu optimieren.[215] Insoweit besteht ein nachvollziehbares Erfordernis detaillierter Vorgaben und Regelungen innerhalb der Richtlinie, auch zum Nachteil des Umsetzungsspielraums des nationalen Gesetzgebers. Vor dem Hintergrund des Umstandes, dass der nationale Gesetzgeber das von der Geweberichtlinie vorgegebene differenzierte Regelungssystem nicht übernommen hat, sondern vielmehr die Behandlung der Gewebe ganz überwiegend ohne weitere Differenzierungen dem Arzneimittelrecht unterstellte, erscheint es fraglich, ob eine sachgerechte Umsetzung der Richtlinie erfolgt ist.

---

209 Geismann, aaO., Art. 288 AEUV, Rn. 41.
210 Nettesheim, aaO., Art. 288 AEUV, Rn. 113.
211 Vgl. Geismann, aaO., Art. 288 AEUV, Rn. 39.
212 Nettesheim, aaO., Art. 288 AEUV, Rn. 113 zum sogenannten „Grundsatz der unbegrenzten sachlichen Regelungszuständigkeit".
213 Vgl. Schroeder, in: Streinz (Hrsg.), EUV/AEUV, Art. 288 AEUV, Rn. 69.
214 Vgl. Schroeder, aaO., Rn. 69.
215 Vgl. Erwägungsgründe 4, 13 und 31 der Richtlinie 2004/23/EG, Amtsblatt der Europäischen Union vom 7.4.2004, L 102/84.

60   Gewebe und Organe

Denn die Mitgliedsstaaten werden dem Ziel der Harmonisierung der verschiedenen Rechtssysteme dann gerecht, wenn sie die Regelungssystematik der Europäischen Union übernehmen und so europaweit einheitliche Rahmenbedingungen herstellen.[216]

Die in Deutschland erfolgte Umsetzung der Geweberichtlinie in nationales Recht ist demnach kritisch zu betrachten und erscheint wenig überzeugend. Eine sinnvolle Differenzierung nach den einzelnen Gewebearten und ihrem Verwendungszweck ist letztlich nicht nur im Hinblick auf das Erfordernis der Schaffung überzeugender und angemessener gesetzlicher Grundlagen für die Gewebemedizin, sondern insbesondere auch mit Blick auf die umzusetzenden Vorgaben der Europäischen Union geboten.

Inwieweit sich dieser Umstand auch auf rechtliche Fragen bei der Transplantation von VCA auswirken kann, wird an anderer Stelle eingehend behandelt.[217]

II. Organe

Auch im Hinblick auf Organe sind zunächst Definitionen sowie rechtliche Einordnungen auf Ebene der Europäischen Union sowie auf nationaler Ebene zu erläutern.

1. Medizinische Organdefinition

Ein Organ ist im medizinischen Sinne eine „aus Zellen und Geweben bestehende Funktionseinheit"[218], wobei diese Funktionseinheit optisch erkennbar sein oder aus einer Reihe scheinbar getrennter Strukturen bestehen kann.[219]

Obwohl das TPG in § 1 a Nr. 1 die Haut aus dem rechtlichen Organbegriff ausgliedert, handelt es sich bei dieser nach dem medizinischen

---

216 Vgl. Pühler/Hübner/Middel, EU-rechtliche Rahmenbedingungen, aaO., S. 11 (13).
217 Siehe D. II. 1. b) aa) (2) (a) dieser Arbeit.
218 Reuter, Klinisches Wörterbuch, Stichwort „Organ", S. 1340; Pschyrembel, aaO., Stichwort „Organe", S. 1512.
219 Reuter, aaO., Stichwort „Organ", S. 1340; Pschyrembel, aaO., Stichwort „Organe", S. 1512.

Verständnis um das größte menschliche Organ.[220] An diesem Beispiel wird deutlich, dass die medizinischen und rechtlichen Organdefinitionen nicht identisch sind.

Der medizinische Organbegriff in seiner heutigen Form hat sich erst zwischen dem 18. und 19. Jahrhundert entwickelt.[221] Erstmals verstand man das Organ in Abgrenzung von Fasern und Geweben einerseits und dem Gesamtorganismus andererseits als eine komplexe, aber abgrenzbare Einheit des Körpers.[222]

Zuvor wurde der Organbegriff auf verschiedene Art und Weise verstanden. So ging Aristoteles von einem rein physiologischen Organverständnis aus und ordnete demnach auch Gelenke den Organen zu, während Galen ein absoluteres, dingliches Verständnis von Organen annahm, also nicht auf etwaige Funktionen abstellte und somit unter anderem auch die Eingeweide für Organe hielt.[223]

2. Rechtliche Behandlung von Organen

Bezüglich der rechtlichen Behandlung von Organen ist, ebenso wie für Gewebe, eine differenzierte Betrachtung auf europäischer sowie nationaler Ebene erforderlich.

a) Rechtliche Behandlung in der Europäischen Union

aa) Organdefinition

Auf der Ebene der Europäischen Union enthalten sowohl die Organrichtlinie[224] als auch die Geweberichtlinie jeweils eine gesonderte Organdefinition. Die Geweberichtlinie definiert Organe in Art. 3 lit. e als einen „differenzierten und lebensnotwendigen Teil des menschlichen Körpers, der aus verschiedenen Geweben besteht und seine Struktur, Vaskularisierung und

---

220 Vgl. Tortora/Derrickson, aaO., S. 175.
221 Solhdju, Interessierte Milieus, S. 54.
222 Solhdju, aaO., S. 54.
223 Vgl. Toepfer, Historisches Wörterbuch der Biologie, S. 747.
224 Richtlinie 2010/45/EU des Europäischen Parlaments und des Rates vom 7.7.2010 über Qualitäts- und Sicherheitsstandards für zur Transplantation bestimmte menschliche Organe.

Fähigkeit zum Vollzug physiologischer Funktionen mit deutlicher Autonomie aufrecht erhält".

Demgegenüber weist die Definition im Rahmen der Organrichtlinie das Merkmal der Lebensnotwendigkeit nicht auf. Organe im Sinne der Organrichtlinie sind danach ein „differenzierter Teil des menschlichen Körpers, der aus verschiedenen Geweben besteht und seine Struktur, Vaskularisierung und Fähigkeit zum Vollzug physiologischer Funktionen mit deutlicher Autonomie aufrecht erhält".[225]

Die Europäische Union definiert den Begriff des Organs folglich nicht einheitlich. Dabei ist offensichtlich, dass dieses Vorgehen nicht zufällig, sondern bewusst erfolgte. Die Organdefinition der neueren Organrichtlinie enthält das Merkmal der Lebensnotwendigkeit im Gegensatz zu der entsprechenden Definition der älteren Geweberichtlinie zwar nicht, übernimmt aber ansonsten die Formulierungen der älteren Definition wörtlich.

Ein Versehen kann der Europäischen Union hierbei nicht unterstellt werden. Vielmehr muss angenommen werden, dass der Anwendungsbereich der Richtlinie potentiell erweitert werden sollte.

bb) Rechtliche Handhabung

Wesentliche Quelle für die rechtliche Behandlung von Organen auf europäischer Ebene ist die Organrichtlinie.

Vor Einführung der Richtlinie im Jahr 2010 waren verbindliche Regelungen der Europäischen Union hinsichtlich der Organtransplantation nicht existent. Im Hinblick auf die Intention der Richtlinie, ihre supranationalen Ansprüche und die damit einhergehende Bedeutung ist im Folgenden auf die wesentlichen Ziele, den Anwendungsbereich und wichtige Einzelregelungen einzugehen.

(1) Ziel der Richtlinie

Ziel der Richtlinie ist gemäß Art. 1 die „Sicherstellung von Qualitäts- und Sicherheitsstandards für zur Transplantation in den menschlichen Körper bestimmte menschliche Organe, um ein hohes Gesundheitsschutzniveau zu gewährleisten". Diese Qualitäts- und Sicherheitsstandards sollen dabei

---

225 Art. 3 lit. h der Richtlinie 2010/45/EU, Amtsblatt der Europäischen Union vom 6.8.2010, L 207/18.

nicht nur auf nationaler Ebene, sondern länderübergreifend in allen Mitgliedsstaaten auf einem vergleichbaren Niveau eingeführt werden, damit ein europäischer Organaustausch ermöglicht werden kann.[226] Dieser Austausch soll zu einer Verbesserung der Transplantationsqualität führen, indem die Zahl der verfügbaren Organe erhöht und eine größere Übereinstimmung zwischen Spenderorgan und Empfänger gewährleistet werden kann.[227]

(2) Anwendungsbereich

Die Richtlinie gilt gemäß Art. 2 Abs. 1 „für die Spende, Testung, Charakterisierung, Bereitstellung, Konservierung, Transport und Transplantation von Organen, die zu Transplantationszwecken bestimmt sind". Art. 2 Abs. 2 schränkt den Anwendungsbereich dahingehend ein, dass die Richtlinie Organe zu Forschungszwecken nur erfasst, sofern diese dazu bestimmt sind, in den menschlichen Körper transplantiert zu werden.

Menschliche Gewebe unterliegen grundsätzlich dem Anwendungsbereich der Geweberichtlinie. Eine Ausnahme ist dann anzunehmen, wenn diese zum gleichen Zweck wie ein Organ verwendet werden.[228] Dies kann zum Beispiel bei der Transplantation der Bauchwand in Verbindung mit einer Darmtransplantation der Fall sein.[229]

(3) Konkrete Inhalte

Gemäß Art. 4 Abs. 1 der Organrichtlinie müssen die Mitgliedstaaten ein System für Qualität und Sicherheit schaffen, welches „alle Phasen von der Spende bis zur Transplantation oder Entsorgung […] abdeckt".

Dafür sind die Festlegung und die Durchführung sogenannter Verfahrensanweisungen, also gemäß Art. 3 lit. p schriftlicher Anweisungen, die die Schritte eines spezifischen Verfahrens beschreiben, erforderlich.[230]

---

226 Vgl. Erwägungsgrund 6 der Richtlinie 2010/45/EU, Amtsblatt der Europäischen Union vom 6.8.2010, L 207/14.
227 Vgl. Erwägungsgrund 4 der Richtlinie 2010/45/EU, Amtsblatt der Europäischen Union vom 6.8.2010, L 207/14.
228 Vgl. Gott, aaO. S. 45.
229 Nähere Ausführungen zu den mit einer Bauchwandtransplantation einhergehenden Besonderheiten, siehe D. II. 1. b) cc) dieser Arbeit.
230 Vgl. Art. 4 Abs. 2 der Richtlinie 2010/45/EU, Amtsblatt der Europäischen Union vom 6.8.2010, L 207/19.

64 Gewebe und Organe

Gegenstand solcher Anweisungen ist zum Beispiel die Überprüfung der Spenderidentität oder auch der Einzelheiten der Einwilligung des Spenders oder seiner Angehörigen, ebenso wie die Bereitstellung, Konservierung, Verpackung und Kennzeichnung von Organen, deren Transport oder auch die Sicherstellung der Rückverfolgbarkeit.[231]

Aus Art. 13 Abs. 1 ergeben sich die Grundsätze der Freiwilligkeit und Unentgeltlichkeit, welche, anders als in der Geweberichtlinie, hier als verbindliche Regelungen enthalten sind.

Diese Vorschrift verdeutlicht, dass ein erwerbswirtschaftlich motivierter Organhandel nicht stattfinden soll. Sie steht damit auch im Einklang mit Artikel 21 des Übereinkommens über Menschenrechte und Biomedizin des Europarates von 1997, wonach der menschliche Körper und Teile davon „als solche nicht zur Erzielung eines finanziellen Gewinns verwendet werden" dürfen.

Das Unentgeltlichkeitsgebot der Richtlinie ist jedoch nicht in absoluter Weise zu verstehen, sondern lässt auch Ausnahmen zu. Art. 13 Abs. 2 regelt, dass eine Entschädigung zum Ausgleich der mit der Spende verbundenen Ausgaben und Einkommensausfälle dem Grundsatz der Unentgeltlichkeit nicht entgegensteht.

Der verbindliche Charakter der in Art. 13 der Richtlinie enthaltenen Regelungen bedarf allerdings der kritischen Betrachtung.

Die Organe der Europäische Union sind nach dem Prinzip der begrenzten Einzelermächtigung gemäß Art. 5 Abs. 1 und 2 EUV nur berechtigt, Rechtsnormen zu erlassen, wenn sie durch das europäische Primärrecht hierzu ausdrücklich ermächtigt sind. Gemäß Art. 5 Abs. 2 S. 2 EUV verbleiben alle der Union nicht in den Verträgen übertragenen Zuständigkeiten bei den Mitgliedsstaaten. Die Europäische Union hat somit keine Kompetenz-Kompetenz.[232]

Die Artikel der Organrichtlinie dienen grundsätzlich der Gewährleistung eines „hohen Gesundheitsschutzniveaus" im Sinne von Art. 168 Abs. 1 S. 1

---

231 Vgl. Art. 4 Abs. 2 lit. a, b, d der Richtlinie 2010/45/EU, Amtsblatt der Europäischen Union vom 6.8.2010, L 207/19.
232 Vgl. Calliess, in: Calliess/Ruffert (Hrsg.), EUV/AEUV, Art. 5 EU-Vertrag, Rn. 6; Lienbacher, in: Schwarze/Becker/Hatje/Schoo (Hrsg.), EU-Kommentar, Art. 5 EUV, Rn. 8.

AEUV sowie der „Festlegung hoher Qualitäts- und Sicherheitsstandards" im Sinne von Art. 168 Abs. 4 lit. a AEUV und halten sich somit an die der Europäischen Union durch das europäische Primärrecht eingeräumten Befugnisse.[233]

Dagegen stehen die in Art. 13 der Organrichtlinie enthaltenen Grundsätze der Freiwilligkeit und Unentgeltlichkeit nicht im Zusammenhang mit dem für die Europäische Union erforderlichen gemeinsamen Gesundheitsschutz-, Qualitäts- und Sicherheitsanliegen.[234] Folglich ist die Annahme vertretbar, dass diese in Art. 13 der Organrichtlinie verpflichtend geregelten Grundsätze wegen der nicht gegebenen Kompetenz der Europäischen Union unzulässig sind.[235]

Erhebliche Bedeutung kommt auch Art. 17 der Richtlinie zu. Nach Abs. 1 müssen die Mitgliedstaaten eine oder mehrere zuständige Behörden benennen und diesen entscheidende Aufgaben zuweisen.

So sind die Behörden unter anderem für die Einführung und Instandhaltung des von Art. 4 der Richtlinie vorgegebenen Systems für Qualität und Sicherheit, die Sicherstellung der regelmäßigen Kontrolle der Transplantationszentren, die Einführung eines Meldesystems für schwerwiegende Zwischenfälle sowie die Überwachung des Organaustauschs mit anderen Mitgliedstaaten zuständig.[236]

Letztlich gibt Art. 19 Abs. 1 die Gründung eines Netzwerks mit dem Ziel eines Erfahrungs- und Informationsaustauschs der verschiedenen zuständigen Behörden der Mitgliedsstaaten vor. Diesem Netzwerk können gemäß Art. 19 Abs. 2 auch „Experten für Organtransplantation, Vertreter europäischer Organisationen für den Organaustausch sowie Datenschutz-Aufsichtsbehörden und andere Beteiligte angegliedert werden".

---

233 Vgl. Gott, aaO., S. 47.
234 Vgl. Pannenbecker, Zum Einfluss des europäischen Rechts auf das TPG: Rechtliche Grundlagen und Grenzen einer europäischen „Organrichtlinie", in: Middel/Pühler/Lilie/Vilmar (Hrsg.), Novellierungsbedarf des Transplantationsrechts: Bestandsaufnahme und Bewertung, S. 215 (226).
235 Detailliertere Ausführungen bezüglich dieser Kompetenzfragen der Europäischen Union würden im Rahmen dieser Arbeit zu weit führen, sodass auf diese Fragestellung nicht näher eingegangen wird.
236 Vgl. Art. 17 Abs. 2 lit. a, b, d, g der Richtlinie 2010/45/EU, Amtsblatt der Europäischen Union vom 6.8.2010, L 207/23.

Es wird deutlich, dass die Europäische Union mit der Organrichtlinie hinsichtlich der Organtransplantation bereits ein enges Regelungssystem vorgibt. Dies birgt erhebliche Vorteile für die Organtransplantation in Europa. So wird zum Beispiel die staatenübergreifende Kooperation erleichtert, die Grundlage für einen europäischen Austausch von Spenderorganen verbessert und ein potentiell hohes Qualitäts- und Sicherheitsniveau ermöglicht.

Bei Betrachtung dieser Aspekte zeigt sich, dass eine Kooperation der Mitgliedstaaten auf europäischer Ebene sinnvoller ist als ein unkoordiniertes einzelstaatliches Handeln, sodass die engmaschigen Vorgaben der Organrichtlinie, wie die in Art. 8 enthaltenen detaillierten Anforderungen an den Transport der Organe oder die in Art. 17 umfassend geregelten Aufgaben der zuständigen Behörden der Mitgliedsstaaten, nachvollziehbar und überzeugend erscheinen.

b) Rechtliche Behandlung von Organen auf nationaler Ebene
aa) Organdefinition

Gemäß § 1 a Nr. 1 TPG „sind Organe, mit Ausnahme der Haut, alle aus verschiedenen Geweben bestehenden, differenzierten Teile des menschlichen Körpers, die in Bezug auf Struktur, Blutgefäßversorgung und Fähigkeit zum Vollzug physiologischer Funktionen eine funktionale Einheit bilden, einschließlich der Organteile und einzelnen Gewebe eines Organs, die unter Aufrechterhaltung der Anforderungen an Struktur und Blutgefäßversorgung zum gleichen Zweck wie das ganze Organ im menschlichen Körper verwendet werden können, mit Ausnahme solcher Gewebe, die zur Herstellung von Arzneimitteln für neuartige Therapien im Sinne des § 4 Absatz 9 des Arzneimittelgesetzes bestimmt sind".

Seit Einführung der Organdefinition in Umsetzung der europäischen Organrichtlinie im Jahr 2007, erfolgten Formulierungsänderungen in den Jahren 2009[237] und 2012[238].

---

237 Vgl. Begründung zum Gesetzesentwurf der Bundesregierung über ein Gesetz zur Änderung arzneimittelrechtlicher und anderer Vorschriften, Bundesdrucksache 16/12256 vom 16.03.2009, S. 26, im Internet unter: http://dipbt.bundestag.de/dip21/btd/16/122/1612256.pdf (letzter Abruf: 16.01.2018).
238 Vgl. Begründung zum Gesetzesentwurf der Bundesregierung zur Änderung des Transplantationsgesetzes, Bundesdrucksache 17/7376 vom 19.10.2011,

Zum einen wurde die Einschränkung „mit Ausnahme solcher Gewebe, die zur Herstellung von Arzneimitteln für neuartige Therapien im Sinne des § 4 Abs. 9 des Arzneimittelgesetzes bestimmt sind" in § 1 a Nr. 1 aufgenommen.[239] Damit sollte verhindert werden, dass im Widerspruch zu der europäischen Verordnung über Arzneimittel für neuartige Therapien auch Leber- und Pankreasinseln dem Organbegriff und folglich der Organrichtlinie zuzuordnen sind, da solche biotechnologisch bearbeiteten Zellen und Gewebe menschlichen Ursprungs nach den europäischen Vorgaben unter das Arzneimittelrecht fallen.[240]

Zum anderen wurde im Jahr 2012 zu Klarstellungszwecken das Wort „differenzierte" vor „Teile des menschlichen Körpers" sowie die Ergänzung der Formulierung „unter Aufrechterhaltung der Anforderungen an Struktur und Blutgefäßversorgung" eingefügt.[241]

Da der deutsche Gesetzgeber die Organdefinition in Umsetzung der europäischen Organrichtlinie einführte, ist die Formulierung dem Wortlaut der europäischen Organdefinition sehr nahe.

Ob sich die Begriffe jedoch gänzlich decken, ist fraglich. Während der europäische Gesetzgeber eine „deutliche Autonomie"[242] voraussetzt, fordert der deutsche Gesetzgeber für die Annahme einer Organqualität das Merkmal einer „funktionalen Einheit"[243].

---

im Internet unter: http://dip21.bundestag.de/dip21/btd/17/073/1707376.pdf (letzter Abruf: 16.01.2018).
239 Vgl. Gesetz zur Änderung arzneimittelrechtlicher und anderer Vorschriften vom 17.07.2009, BGBl 2009 I, S. 2009.
240 Vgl. vorläufige Anmerkungen der Bundesärztekammer vom 30.01.2009 zum Referentenentwurf für ein Gesetz zur Änderung des AMG und anderer Vorschriften, S. 3, im Internet unter: http://www.bundesaerztekammer.de/fileadmin/user_upload/downloads/SnAmg20090130.pdf (letzter Abruf: 16.01.2018).
241 Letztere Ergänzung wurde aufgenommen, um auch die Splitleberspende dem Anwendungsbereich des TPG zuzuordnen; siehe Begründung zum Gesetzesentwurf der Bundesregierung zur Änderung des Transplantationsgesetzes, Bundesdrucksache 17/7376 vom 19.10.2011, S. 17, im Internet unter: http://dip21.bundestag.de/dip21/btd/17/073/1707376.pdf (letzter Abruf: 16.01.2018).
242 Art. 3 lit. h der Richtlinie 2010/45/EU, Amtsblatt der Europäischen Union vom 6.8.2010, L 207/18.
243 § 1 Nr. 1 TPG.

68 Gewebe und Organe

Auf den ersten Blick ließe sich damit annehmen, dass dem Wortlaut des TPG eine der deutlichen Autonomie im Rahmen des europäischen Organbegriffs gleichbedeutende, adäquate Formulierung nicht zu entnehmen ist.[244] Dies erscheint nachvollziehbar, wenn die Anforderungen an eine deutliche Autonomie höher verstanden werden als an eine funktionale Einheit.

Überzeugender ist es dagegen, eine inhaltliche Übereinstimmung beider Formulierungen und damit auch einen Gleichlauf der Organdefinitionen im Rahmen der Organrichtlinie sowie des TPG anzunehmen. Eine deutliche Autonomie kann gerade nicht im Sinne der Unabhängigkeit eines Organs, zum Beispiel vom zentralen Nervensystem oder dem Blutkreislauf, verstanden werden, sondern muss vielmehr eine Selbstständigkeit im Hinblick auf eine bestimmte Körperfunktion voraussetzen und somit im Sinne einer funktionalen Einheit begriffen werden.[245]

Vor Einführung der Organdefinition im Jahr 2007 war eine entsprechende Definition eines Organs im TPG nicht enthalten. Es ist fraglich, ob der Gesetzgeber ein anderes, weiteres oder restriktiveres, Organverständnis zugrunde legte, bevor er in Umsetzung der europäischen Richtlinie die genannte Definition im TPG formulierte. Gerade im Hinblick auf die bereits seit 2004, und damit schon vor dem Inkrafttreten der Organrichtlinie, bestehende Geweberichtlinie der Europäischen Union und dem darin enthaltenden restriktiveren Organbegriff ließe sich vermuten, dass auch der deutsche Gesetzgeber zunächst von einem engeren Organverständnis ausgegangen ist und für die Organeigenschaft die Lebensnotwendigkeit vorausgesetzt hat.

Anhaltspunkte dafür sind allerdings nicht ersichtlich. Ganz im Gegenteil hat der Gesetzgeber in der Gesetzesbegründung zum TPG wiederholt von „lebenswichtigen Organen" gesprochen.[246] Dies hätte sich als überflüssig erwiesen, wenn die Organeigenschaft an sich bereits eine Lebensnotwendigkeit vorausgesetzt hätte. Zudem erscheint die Lebensnotwendigkeit als

---

244 Vgl. Czerner, in: Höfling (Hrsg.), Transplantationsgesetz, § 1 a, Rn 4.
245 Gutmann/Wiese, aaO., S. 84 (85).
246 Vgl. Gesetzesentwurf der Fraktionen CDU/CSU, SPD und F.D.P. für ein Gesetz über die Spende, Entnahme und Übertragung von Organen, Bundesdrucksache 13/4355 vom 16.04.1996, S. 2, im Internet unter: http://dip21.bundestag.de/dip21/btd/13/043/1304355.pdf (letzter Abruf: 16.01.2018).

charakterisierendes Merkmal eines Organs nicht geeignet, da somit regelmäßig auf den Einzelfall abzustellen wäre.[247]
Vor Einführung der Organdefinition im Jahr 2007 bestand somit ein deutlich weiteres rechtliches Organverständnis auf nationaler Ebene, wonach im Sinne des § 1 Abs. 1 S. 1 TPG a. F. Organe und Organteile, ebenso wie Gewebe als Organe verstanden wurden, sofern diese als Spende zum Zweck der Übertragung auf andere Menschen dienten.[248]

bb) Rechtliche Handhabung von Organen

Von zentraler Bedeutung für die rechtliche Behandlung von Organen auf nationaler Ebene ist das TPG. Aufgrund der großen Bedeutung des Gesetzes für den Fortgang dieser Arbeit ist im Folgenden zunächst auf die Ziele, den Anwendungsbereich und einige wesentliche Vorschriften des TPG einzugehen.

(1) Ziel des Gesetzes

Gemäß § 1 Abs. 1 TPG ist es das Ziel des Gesetzes, „die Bereitschaft zur Organspende in Deutschland zu fördern".

Um dieses Ziel zu erreichen, sollen alle Deutschen regelmäßig motiviert werden, sich mit ihrer eigenen Bereitschaft zur Organspende zu beschäftigen und eine etwaige Erklärung zu dokumentieren.[249]

Zur Gewährleistung einer freien, selbstbestimmten und reflektierten Entscheidung der Bürger sieht § 1 Abs. 1 S. 3 TPG eine umfassende Aufklärung der Menschen über die Organ- und Gewebespende vor.

(2) Anwendungsbereich

§ 1 Abs. 2 TPG regelt den Anwendungsbereich des TPG. Danach findet das Gesetz Anwendung „für die Spende und die Entnahme von menschlichen Organen oder Geweben zum Zwecke der Übertragung sowie für die

---

247 Insbesondere erscheint die Frage der Lebensnotwendigkeit bei einer Niere oder einem Lungenflügel erheblich differenzierter und einzelfallabhängiger als zum Beispiel bei einem Herzen; vgl. Gott, aaO., S. 116.
248 Vgl. Gott, aaO., S. 114 f.; Rixen, in: Höfling (Hrsg.), Transplantationsgesetz, § 1, Rn. 14.
249 Vgl. § 1 Abs. 1 S. 2 TPG.

Übertragung der Organe oder der Gewebe einschließlich der Vorbereitung dieser Maßnahmen".

Nicht eröffnet ist der Anwendungsbereich des TPG dagegen gemäß § 1 Abs. 3 Nr. 1 TPG bei Geweben, die innerhalb ein und desselben chirurgischen Eingriffs einer Person entnommen werden, um auf diese ohne Änderung ihrer stofflichen Beschaffenheit rückübertragen zu werden, und gemäß § 1 Abs. 3 Nr. 2 TPG auf Blut und Blutbestandteile.

(3) Konkrete Inhalte

In Abschnitt zwei regelt das TPG die Entnahme von Organen und Geweben bei toten Spendern.

Wesentliche Voraussetzungen dafür ergeben sich aus § 3 Abs. 1 TPG. Danach ist die Entnahme grundsätzlich nur zulässig, wenn der Spender in diese eingewilligt hatte, der Tod nach den aktuellen Erkenntnissen der medizinischen Wissenschaft festgestellt ist und der Eingriff von einem Arzt durchgeführt wird.

Dagegen ist eine Entnahme immer dann unzulässig, wenn der potentielle Spender dieser widersprochen hatte.[250]

§ 4 TPG befasst sich mit der Zustimmung anderer Personen für den Fall, dass eine Erklärung des möglichen Spenders nicht ersichtlich ist, während § 6 TPG im Hinblick auf die Würde des Spenders einzuhaltende Standards festlegt.

Die Entnahme von Organen und Geweben bei lebenden Spendern ist in Abschnitt drei des TPG geregelt. Dabei ergeben sich aus § 8 Abs. 1 TPG die Zulässigkeitsvoraussetzungen der Entnahme bei lebenden Spendern. Insbesondere ist § 8 Abs. 1 Nr. 3 TPG ein genereller Vorrang der Toten- vor der Lebendspende zu entnehmen, während § 8 Abs. 2 TPG die Anforderungen an eine ordnungsgemäße Aufklärung enthält.

Mit der Entnahme, Vermittlung und Übertragung von Organen sowie der Zusammenarbeit bei der Entnahme von Organen und Geweben befasst sich Abschnitt vier.

Nach § 9 Abs. 1 TPG darf die Entnahme bei verstorbenen Spendern nur in Entnahmekrankenhäusern im Sinne des § 9a TPG durchgeführt werden.

---

250 Vgl. § 3 Abs. 2 Nr. 1 TPG.

Von maßgeblicher Bedeutung ist § 9 Abs. 3 TPG, der ausdrücklich einen Vorrang der Organ- vor der Gewebespende normiert.

Während § 9b TPG die Bestellung eines Transplantationsbeauftragten fordert und § 10 TPG Regelungen bezüglich Transplantationszentren enthält, befasst sich § 11 TPG mit der sogenannten Koordinierungsstelle.[251] Danach ist eine spezielle Einrichtung zu errichten oder zu beauftragen, welche die gemeinsame Aufgabe der Transplantationszentren und Entnahmekrankenhäuser, nämlich die Entnahme von Organen samt der Vorbereitung der Entnahme, der Vermittlung und der Übertragung organisieren soll.[252]

Der Koordinierungsstelle obliegen damit sämtliche bis zur Übertragung des Organs notwendigen Maßnahmen, mit Ausnahme der Vermittlung von vermittlungspflichtigen Organen durch die Vermittlungsstelle gemäß § 12 TPG.

Für die Vermittlung vermittlungspflichtiger Organe wird gemäß § 12 Abs. 1 TPG eine gesonderte Einrichtung errichtet oder beauftragt. Dabei kann diese Organisation ihren Sitz nach § 12 Abs. 2 TPG auch außerhalb des Geltungsbereichs des TPG haben, sofern sie bei der Vermittlung der Organe die Regelungen des TPG anwendet. Die Vermittlung hat dabei, wie sich aus § 12 Abs. 3 TPG ergibt, „nach Regeln, die dem Stand der Erkenntnisse der medizinischen Wissenschaft entsprechen, insbesondere nach Erfolgsaussicht und Dringlichkeit" zu erfolgen.[253]

---

251 Die Aufgaben dieser sogenannten Koordinierungsstelle im Sinne des § 11 TPG nimmt in Deutschland die Deutsche Stiftung Organtransplantation wahr; siehe § 1 Abs. 1 und 2 des Vertrages nach § 11 Abs. 2 des Transplantationsgesetzes zur Beauftragung einer Koordinierungsstelle, BAnz AT vom 18.02.2016 B2, Anlage S. 2, im Internet unter: www.bundesanzeiger.de (letzter Abruf: 23.01.2018).
252 Vgl. § 11 Abs. 1 TPG.
253 Die Angemessenheit dieser Entscheidungskriterien der Erfolgsaussicht und Dringlichkeit ist in der Literatur umstritten, vgl. Bader, Organmangel und Organverteilung, S. 377 f.; Gutmann/Fateh-Moghadam, Rechtsfragen der Organverteilung, in: Gutmann/Schneewind/Schroth et al. (Hrsg.), Grundlagen einer gerechten Organverteilung, S. 37 (38 ff.); Laurer/Baier/Alber/Nagel, Berücksichtigung der Erfolgsaussicht bei der Allokation von Spenderlebern, in: Schmitz-Luhn/Bohmeier (Hrsg.), Priorisierung in der Medizin, S. 161 (162). Eine detaillierte Auseinandersetzung mit dieser Problematik würde im Rahmen dieser Arbeit jedoch zu weit führen und wird deshalb nicht näher behandelt.

Als Vermittlungsstelle fungiert die 1967 gegründete Stiftung Eurotransplant mit Sitz im holländischen Leiden.[254] Eurotransplant vermittelt Organe in acht verschiedene europäische Länder und erreicht damit einen potentiellen Spender- und Empfängerpool von etwa 135 Millionen Menschen.[255]

Das TPG enthält damit auf nationaler Ebene ein detailliertes und komplexes Regelungssystem hinsichtlich der Transplantation von Organen. In der weiteren Untersuchung ist die Frage zu beantworten, inwieweit das TPG Relevanz auch für den Umgang mit Transplantationen von VCA aufweist.

---

254 Vgl. § 1 Abs. 2 des Vertrages mit der Vermittlungsstelle, im Internet unter: http://www.transplantationinformation.de/gesetze_organspende_transplantation/vertraege/vertrag_vermittlungsstelle.html (letzter Abruf: 17.01.2018).
255 Vgl. o. V., Organtransplantation – Mangelware Spenderorgan, Aerztezeitung. at vom 25.01.2017, im Internet unter: http://www.aerztezeitung.at/archiv/oeaez-2017/oeaez-12-25012017/organtransplantationen-spenderorgan-mangelware-eurotransplant-univ-prof-gabriela-berlakovich.html (letzter Abruf: 25.01.2018).

D. VCA

Nach der Darlegung der wesentlichen ethischen Aspekte in Zusammenhang mit der Transplantation von VCA und einer Auseinandersetzung mit den wichtigsten gesetzlichen Normierungen zur Behandlung von Geweben und Organen befasst sich der Schwerpunkt dieser Arbeit mit der medizinischen und insbesondere rechtlichen Einordnung von VCA und etwaigen daraus resultierenden Konsequenzen.

Bezüglich der rechtlichen Behandlung stellt sich vor allem die Frage, inwieweit sich VCA in das bereits bestehende und skizzierte[256] Regelungssystem für Organe und Gewebe eingliedern lassen oder es neuer, eigenständiger Regelungen bedarf.

I. Medizinische Einordnung von VCA

Die medizinische Einordnung von VCA hat für die rechtliche Beurteilung zunächst keine Bedeutung. So kommt es bei der Frage, ob VCA rechtlich betrachtet den Organen oder Geweben zuzuordnen sind oder eine eigene Entität darstellen, vielmehr unmittelbar auf die rechtlichen Organ- und Gewebedefinitionen und damit darauf an, ob deren Tatbestandsmerkmale erfüllt sind.

Dennoch ist im Rahmen dieser Arbeit auch eine medizinische Einordnung von VCA sinnvoll, zumal bei rechtlichen Fragen die medizinische Betrachtung zwar nicht unmittelbar, wohl aber mittelbar, zum Beispiel bei der Auslegung einzelner Tatbestandsmerkmale, zu beachten ist.

Es stellt sich damit die Frage, ob VCA im medizinischen Sinne Organen oder Geweben zuzuordnen sind.

Während die Medizin Organe „als eine aus Zellen und Geweben bestehende Funktionseinheit"[257] definiert, sind Gewebe im medizinischen Verständnis ein „Verband von Zellen gleichartiger Differenzierung und deren Interzellulärsubstanz"[258].

---

256 Siehe C. II. 2. b) sowie C. I. 2. b) dieser Arbeit.
257 Reuter, aaO., Stichwort „Organ", S. 1340.
258 Pschyrembel, aaO., Stichwort „Gewebe", S. 755.

In medizinischen Fachkreisen wird weltweit überwiegend eine Zuordnung der VCA zu den Organen angenommen.[259]
Zwar ließe sich durchaus vertreten, dass der Begriff „Vascularized Composite Tissue", der national wie auch international Verwendung findet, aufgrund des ausdrücklichen Wortlauts auf eine Einstufung der VCA als Gewebe schließen lässt.[260]
Es erscheint jedoch wenig überzeugend, die medizinische Einordnung von einer letztlich beliebigen Wortwahl abhängig zu machen. Der bloße Umstand, dass VCA regelmäßig auch als „Vascularized Composite Tissue" bezeichnet werden, reicht demnach ohne tiefer gehende Begründungen für eine medizinische Zuordnung als Gewebe nicht aus.
Zudem lassen sich verschiedene Erwägungen anführen, die eine medizinische Einordnung von VCA zu den Organen überzeugend erscheinen lassen.
So verdeutlichen Siemionow und Sonmez die bestehenden Ähnlichkeiten von VCA und Organen im Gegensatz zu VCA und Geweben am Beispiel eines Vergleichs von Gesicht und Niere.[261] Dabei stellen sie insbesondere auf die anatomischen Strukturen und Funktionen der Vergleichsobjekte ab.[262]
Das Gesicht nimmt zum Beispiel verschiedene physiologische Funktionen wahr. So enthält die Gesichtshaut eine Vielzahl von Nerven, die auf Wärme, Kälte, Druck und Vibration reagieren.[263] Haare in der Nase, den Ohren und im Umfeld der Augen schützen vor der Infiltration durch Staub und Mikropartikel.[264] Augenbrauen schützen vor Licht und Fremdkörpern, Augenlider gewähren Schutz vor Verletzungen und unterstützen die Versorgung von Bindehaut und Hornhaut mit Feuchtigkeit.[265]

---

259 Vgl. beispielhaft Siemionow/Sonmez, aaO., S. 345 ff.; Knobloch/Vogt/Rennekampf, Composite Tissue Allotransplantation (CTA), aaO., S. 205 ff.; Cendales/Rahmel/Pruett, Allocation of vascularized composite allografts: What is it?, Transplantation (2012) 93, S. 1086.
260 Vgl. Pühler/Hübner, Komplexe Gewebe – komplexe Fragen, aaO., S. 11 (14); Lilie, Composite Tissue – Organe, Gewebe, Aliud, aaO., S. 263 (267).
261 Vgl. Siemionow/Sonmez, aaO., S. 345 ff.
262 Vgl. Siemionow/Sonmez, aaO., S. 345 (346).
263 Siemionow/Sonmez, aaO., S. 345 (348); Greaves, Physiology of skin, Journal of Investigative Dermatology (1976) 67, S. 66 (68).
264 Siemionow/Sonmez, aaO., S. 345 (348).
265 Siemionow/Sonmez, aaO., S. 345 (348).

Das Gesicht ist darüber hinaus auch ein Instrument der nonverbalen Kommunikation.[266] Es erlaubt den Menschen unter anderem Gefühle, wie Glück, Schmerz, Sorgen und Traurigkeit auszudrücken.[267]

Die Niere dagegen reguliert zum Beispiel den Wasser- und Elektrolythaushalt und das Säure-Basen-Gleichgewicht.[268] Sie sorgt für die Ausscheidung giftiger Substanzen aus dem Körper, ist wichtig für die Regulierung des Blutdrucks, kontrolliert unter anderem die Blutmenge und produziert wichtige Hormone, wie Calcitriol, Renin und Erythropoetin.[269]

Während die Niere aus 15 verschiedenen anatomischen Strukturen besteht und zwölf Funktionen ausführt, weist das Gesicht 31 Strukturen auf und übernimmt 18 unterschiedliche Funktionen.[270] Es stellt sich damit als ein mindestens ebenso komplexes und vielfältiges Gebilde dar wie die Niere und steht den soliden Organen insoweit in nichts nach.

Darüber hinaus kommen dem Gesicht im Gegensatz zur Niere auch ästhetische Funktionen zu, die nicht zu unterschätzen sind.[271] Das Gesicht ist zudem eines der wesentlichen Erkennungsmerkmale des Menschen. Es dient als primäres Identifikationsmedium zur Legitimation, zum Beispiel bei Ausweisen und Pässen.

Siemionow und Sonmez gelangen infolge dieser umfassenden Gegenüberstellung des Gesichts und der Niere, dem am häufigsten transplantierten soliden Organ, zu dem Ergebnis, dass das Gesicht aus medizinischer Sicht als Organ und nicht als bloßes Gewebe zu betrachten sei.[272]

---

266 Siemionow/Sonmez, aaO., S. 345 (348); Rumsey, Psychological aspects of face transplantation: Read the small print carefully, The American Journal of Bioethics (2004) 4, S. 22.
267 Siemionow/Sonmez, aaO., S. 345 (348).
268 Siemionow/Sonmez, aaO., S. 345 (350).
269 Vgl. Siemionow/Sonmez, aaO., S. 345 (350).
270 Siemionow/Sonmez, aaO., S. 345 (351).
271 Vgl. Siemionow/Sonmez, aaO., S. 345 (348).
272 Vgl. Siemionow/Sonmez, aaO., S. 345 (351); die Autoren beziehen ihre Ausführungen dabei ausschließlich auf das Gesicht. Allerdings lassen sich ähnliche Erwägungen, hin zu einer erheblichen Komplexität und Vielfältigkeit, auch bezüglich anderer VCA wie den oberen Extremitäten finden. Vgl. insoweit Herndon, aaO., S. 503.

Des Weiteren werden bei der Transplantation von VCA, anders als bei einer herkömmlichen Gewebetransplantation, verschiedene Gewebearten wie Sehnen, Gefäße, Nerven und die Haut transplantiert, was eher gegen eine Einordnung von VCA als Gewebe spricht.[273]

Die zudem, ebenso wie bei der Transplantation solider Organe, aber anders als bei der Gewebetransplantation, erforderliche Immunsuppression lässt darüber hinaus eine Einordnung als Organ vermuten.[274]

Richtungsweisend erscheinen auch die Einschätzungen der internationalen medizinischen Fachgesellschaften.

So befürwortet die American Society of Transplant Surgeons eine Zuordnung der VCA zu den Organen und zählt zur Verdeutlichung verschiedene Gemeinsamkeiten auf.[275] Zu diesen gehören etwa, dass sowohl VCA als auch solide Organe menschliche Transplantate darstellen, die als anatomische und strukturelle Einheiten einem menschlichen Empfänger übertragen werden.[276] Sie sind nur minimal bearbeitet,[277] werden „frisch" transplantiert, nicht kryokonserviert und erfordern Immunsuppression.[278]

Vergleichbar argumentiert auch die American Society of Transplantation, die als Gemeinsamkeiten vor allem auf die begrenzte Ischämiezeit, das Erfordernis der schnellen Wiederherstellung des Blutflusses und auf das notwendige Matching zwischen Organspender und -empfänger verweist.[279] Die

---

273 Vgl. Knobloch/Vogt/Rennekampf, Composite Tissue Allotransplantation (CTA), aaO., S. 205.
274 Vgl. Knobloch/Vogt/Rennekampf, Composite Tissue Allotransplantation (CTA), aaO., S. 205 (206).
275 Vgl. Cendales/Granger/Henry et al., Implementation of vascularized composite allografts in the United States: Recommendations from the ASTS VCA ad hoc committee and the executive committee, American Journal of Transplantation (2011) 11, S. 13 (14).
276 Vgl. Cendales/Granger/Henry et al., aaO. S. 13 (14).
277 Insbesondere dieser Umstand stellt einen wesentlichen Unterschied zu den herkömmlichen, einfachen Geweben dar, die häufig in deutlich größerem Umfang verarbeitet werden.
278 Cendales, Granger, Henry, et al., aaO. S. 13 (14).
279 Vgl. American Society of Transplantation, Key Position Statement – Vascularized Composite Allotransplantation (VCA) Research, 2011, im Internet unter: https://www.myast.org/public-policy/key-position-statements/vascularized-composite-allotransplantation-vca-research (letzter Abruf: 25.01.2018).

Transplantation von VCA erfordere, ebenso wie die Transplantation solider Organe, ein interdisziplinäres ärztliches Handeln von Chirurgen, Immunologen, Pathologen, Infektionsmedizinern, Psychiatern oder Psychologen und weiteren Therapeuten.[280] Außerdem sei eine umfassende institutionelle Infrastruktur erforderlich.[281]

Auch das CTA Committee der European Society for Organ Transplantation fordert aus diesen Gründen eine Zuordnung der VCA zu den Organen.[282]

Aus medizinischer Sicht erscheint es somit überzeugend, VCA den Organen und nicht, wie es der Wortlaut des Begriffes auf den ersten Blick vermuten lässt, den Geweben zuzuordnen.

II. Rechtliche Einordnung von VCA

Die rechtliche Behandlung von VCA ist bis heute nicht abschließend geklärt und bedarf der näheren Betrachtung, denn nur eindeutige rechtliche Vorgaben und gesetzliche Grundlagen führen sowohl aufseiten der behandelnden Ärzte als auch aufseiten der Patienten zur Herstellung einer ausreichenden Rechtssicherheit auf diesem Gebiet.

VCA sind in den existierenden deutschen Gesetzen nicht ausdrücklich erwähnt. Dies ist vor allem darauf zurückzuführen, dass es sich bei VCA-Transplantationen um Maßnahmen der Neulandmedizin handelt, die in Deutschland erst vereinzelt seit 2008 durchgeführt werden.

Zur Zeit des Inkrafttretens erster gesetzlicher Regelungen zur Transplantationsmedizin[283] wurden weltweit die ersten Versuche in diesem innovativen medizinischen Bereich unternommen.[284]

---

280 Vgl. American Society of Transplantation, Key Position Statement, aaO.
281 American Society of Transplantation, Key Position Statement, aaO.
282 Vgl. Schneeberger/Morelon/Landin for the ESOT CTA Committee, Vascularized composite allotransplantation: A member of the transplant family?, Transplantation (2012) 93, S. 1088.
283 Von hervorgehobener Bedeutung ist insoweit insbesondere das Inkrafttreten des Gesetzes über die Spende, Entnahme und Übertragung von Organen und Geweben (Transplantationsgesetz – TPG) am 01.12.1997. Zuvor war die Transplantationsmedizin in Deutschland nicht spezialgesetzlich geregelt, es galten stattdessen allgemeine Grundsätze, siehe D. II. 1. a) dieser Arbeit.
284 Vgl. Dubernard/Owen/Petruzzo et al., First human hand transplantation, Transplant International (2000) 13, S. 521; Diaz-Siso/Bueno/Sisk et al.,

Der deutsche Gesetzgeber hat zu dieser Zeit offenbar die neuen Möglichkeiten der Medizin noch nicht erkannt und konnte sich – trotz einer kritischen Diskussion in der juristischen Literatur[285] – bei gesetzlichen Novellierungen in den Folgejahren nicht dazu entschließen, diesen Problemkreis vorausschauend und explizit zu regeln.

Für die rechtliche Einordnung kommt es deshalb darauf an, ob VCA einem bereits bestehenden gesetzlichen Regelungssystem sinnvoll zugeordnet werden können oder es stattdessen der Schaffung neuer gesetzlicher Regelungen für den Umgang mit VCA bedarf.

Die medizinische Beurteilung von VCA hat dabei, wie bereits dargelegt,[286] zunächst keinen Einfluss auf die rechtliche Einordnung. Maßgeblich kommt es vielmehr auf etwaige im Gesetz enthaltene Definitionen samt ihrer Tatbestandsmerkmale und damit die Frage an, ob sich VCA unter eine dieser Definitionen subsumieren lassen.

1. TPG als gesetzliche Grundlage

Als potentielle gesetzliche Grundlage für den rechtlichen Umgang mit VCA kommt das TPG in Betracht. Da auch das TPG den Begriff der VCA nicht ausdrücklich nennt, ist klärungsbedürftig, ob das Gesetz eine angemessene Rechtsgrundlage für VCA darstellen kann.

a) Entstehungsgeschichte des TPG

Einer Einordnung von VCA unter das TPG könnte, vorgelagert der Frage einer konkreten Subsumtion unter die vorhandenen Organ- oder Gewebedefinitionen, bereits eine restriktive Auslegung des Anwendungsbereichs des TPG entgegenstehen. Insoweit bedarf es zunächst eines Blickes auf die

---

Vascularized composite tissue allotransplantation – state of the art, Clinical Transplantation (2013) 27, S. 330 (331); Jones/Gruber/Barker et al., Successful hand transplantation, The New England Journal of Medicine (2000) 343, S. 468.

285 Vgl. Lilie, Composite Tissue – Organe, Gewebe oder Aliud, aaO., S. 263 (269 ff.); Stellungnahme der Bundesärztekammer vom 04.05.2006 zum Entwurf eines Gewebegesetzes, im Internet unter: http://www.bundesaerztekammer.de/fileadmin/user_upload/downloads/ZStell.pdf (letzter Abruf: 17.01.2018).

286 Siehe D. I. dieser Arbeit.

Rechtliche Einordnung von VCA 79

Entstehungsgeschichte des Gesetzes, die Ursache für eine derartige Eingrenzung des Anwendungsbereiches sein könnte.

Der tatsächlichen Einführung des TPG Ende des Jahres 1997 ging eine jahrzehntelange kontroverse Diskussion über rechtliche Fragen der Transplantationsmedizin voraus.[287]

So wurde bereits Ende der Siebzigerjahre von der Bundesregierung ein Gesetzesentwurf über Eingriffe an Verstorbenen zu Transplantationszwecken[288] vorgelegt, der jedoch zu Beginn der Achtzigerjahre im Gesetzgebungsverfahren aufgrund schon damals bestehender unüberwindbarer Meinungsverschiedenheiten bezüglich der Anforderungen an die Organentnahme scheiterte.[289]

Da in Deutschland zu dieser Zeit spezielle gesetzliche Regelungen im Bereich der Transplantationsmedizin fehlten, dienten zunächst lediglich allgemeine Rechtsgrundsätze und ab 1978 die von der Bundesärztekammer entwickelten Grundsätze, die später im Transplantationskodex der Arbeitsgemeinschaft der Deutschen Transplantationszentren zusammengefasst wurden, als Richtschnur für die medizinische Praxis.[290]

Anfang der Neunzigerjahre begannen die Diskussionen rund um das Erfordernis einer angemessenen Kodifizierung entscheidender Regelungen im Bereich der sich zunehmend etablierenden Transplantationsmedizin erneut.[291] Die Gründe hierfür waren unterschiedlich. So nahm insbesondere in Ermangelung ausreichender existierender gesetzlicher Grundlagen

---

287 Vgl. Lilie, 10 Jahre Transplantationsgesetz – Verbesserung der Patientenversorgung?, in: Jung/Luxenburger/Wahle (Hrsg.), Festschrift für Egon Müller, S. 395.
288 Gesetzesentwurf der Bundesregierung für ein Gesetz über Eingriffe an Verstorbenen zu Transplantationszwecken (Transplantationsgesetz), Bundesdrucksache 8/2681 vom 16.03.1979, im Internet unter: http://dip21.bundestag.de/dip21/btd/08/026/0802681.pdf (letzter Abruf: 03.02.2018).
289 Vgl. Middel/Scholz, in: Spickhoff (Hrsg.), Medizinrecht, VB, Rn. 4; Häberle, in: Erbs/Kohlhaas (Hrsg.), Strafrechtliche Nebengesetze, VB, Rn. 1.
290 Middel/Scholz, aaO., VB, Rn. 4; Häberle, aaO., VB, Rn. 1; Middel/Pühler, Einführung, in: Middel/Pühler/Lilie/Vilmar (Hrsg.), Novellierungsbedarf des Transplantationsrechts, S. 3.
291 König, aaO., Einleitung, Rn. 4.

die Rechtsunsicherheit in der Bevölkerung und damit vermeintlich einhergehend der Mangel an Spenderorganen zu.[292]

Es entstanden vermehrt Unsicherheiten, etwa hinsichtlich des Zeitpunktes der Todesfeststellung, der Gefahren der Kommerzialisierung der Organspende sowie der erforderlichen Aufklärungsgespräche.[293]

Zudem war Deutschland zu diesem Zeitpunkt im europäischen Vergleich einer der wenigen Staaten, in denen es an spezialgesetzlichen Regelungen zur Transplantationsmedizin mangelte.[294]

Von wesentlicher Bedeutung für das erneute Aufleben der Diskussionen war jedoch die drohende Rechtsspaltung in Deutschland infolge der Wiedervereinigung, da in der DDR ein gesondertes und abweichendes Transplantationsrecht existierte, dessen Fortgeltung als Landesrecht in der Bundesrepublik Deutschland unklar war.[295]

In der DDR galt zum Beispiel eine Widerspruchslösung, die im Gegensatz zur Einwilligungslösung in der Bundesrepublik Deutschland stand.[296]

So kam es in der folgenden Zeit zu verschiedenen Gesetzesentwürfen von unterschiedlichen Seiten, die sich jedoch zunächst erneut nicht durchsetzen konnten.[297]

Nachdem im Jahr 1994 über Art. 74 Abs. 1 Nr. 26 GG die Gesetzgebungskompetenz für Regelungen zur Transplantation von Organen und Geweben dem Bund zugeteilt wurde, entstand im Jahr 1995 ein Gesetzesentwurf der Partei Bündnis 90/Die Grünen,[298] gefolgt von dem interfraktionellen

---

292 Vgl. König, aaO., Einleitung, Rn. 4.
293 Vgl. Rixen, aaO., Einführung, Rn. 1.
294 König, aaO., Einleitung, Rn. 1.
295 Vgl. Middel/Scholz, aaO., VB, Rn. 5.
296 Vgl. § 4 Abs. 1 der Verordnung über die Durchführung von Organtransplantationen vom 4.7.1975, DDR-GBl. I 1975, S. 597, im Internet unter: http://www.verfassungen.de/de/ddr/organtransplantations verordnung75.htm (letzter Abruf: 18.01.2018).
297 Vgl. Rixen, aaO., Einführung, Rn. 1; König, aaO., Einleitung, Rn. 6.
298 Gesetzesentwurf der Abgeordneten Monica Knoche, Gerald Häfner und der Fraktion BÜNDNIS 90/DIE GRÜNEN für ein Gesetz über die Spende, die Entnahme und die Übertragung von Organen (Transplantationsgesetz – TPG), Bundesdrucksache 13/2926 vom 07.11.1995, im Internet unter: http://dip21.bundestag.de/dip21/btd/13/029/1302926.pdf (letzter Abruf: 18.01.2018).

Gesetzesentwurf der Parteien CDU/CSU, SPD sowie der FDP[299] im Jahre 1996, der letztlich die entscheidende Grundlage für das später eingeführte TPG sein sollte.[300]

Allerdings wurde auch dieser Gesetzesentwurf erneut von intensiven Diskursen begleitet, die Ausfluss nicht nur zwischen den Parteien bestehender, sondern sogar innerhalb der jeweiligen Parteien vorhandener Divergenzen waren.[301]

Im Mittelpunkt der Kontroversen standen dabei, wie schon in den Jahren zuvor, die Fragen nach den rechtlichen Anforderungen an die Entnahme von Organen und damit insbesondere nach dem Zeitpunkt des Todeseintritts des Menschen.[302]

Konsequenz dieser jahrelangen Auseinandersetzungen und der damit verbundenen Fokussierung auf diese Fragen war die Vernachlässigung anderer entscheidender Aspekte, wie Fragen der Verteilungsgerechtigkeit, der Lebendspende oder auch Fragen zur Beauftragung der Vermittlungsstelle, mit denen sich der Gesetzgeber aufgrund des schließlich bestehenden Zeitdrucks nicht mehr in angemessenem Umfang befasst hat.[303] Das TPG stand infolgedessen von Beginn an in der Kritik.[304]

In Anbetracht der dargelegten, Jahrzehnte andauernden, kontroversen Diskussionen und des schließlich für den Gesetzgeber entstandenen Zeitdrucks lässt sich vermuten, dass das TPG einen letztlich unvollkommenen

---

299 Gesetzesentwurf der Fraktionen der CDU/CSU, SPD und F.D.P. für ein Gesetz über die Spende, Entnahme und Übertragung von Organen (Transplantationsgesetz – TPG), Bundesdrucksache 13/4355 vom 16.04.1996, im Internet unter: http://dip21.bundestag.de/dip21/btd/13/043/1304355.pdf (letzter Abruf: 18.01.2018).
300 Vgl. Häberle, aaO., VB, Rn. 1; König, aaO., Einleitung, Rn. 6.
301 König, aaO., Einleitung, Rn. 6.
302 Vgl. Rixen, aaO., Einführung, Rn. 1; Middel/Scholz, aaO., VB, Rn. 8.
303 Vgl. Middel/Scholz, aaO., VB, Rn. 8; Rixen, aaO., Einführung, Rn. 1.
304 Vgl. Höfling, 10 Jahre Transplantationsgesetz – eine kritische Zwischenbilanz, in: Höfling (Hrsg.), Die Regulierung der Transplantationsmedizin in Deutschland, S. 3 ff.; Gutmann, Für ein neues Transplantationsgesetz, S. 175 ff.; Breyer/Van den Daele/Engelhard et al., Organmangel: Ist der Tod auf der Warteliste unvermeidbar?, S. 10; Gutmann, Für eine prinzipielle Neuausrichtung des Transplantationsrechts, in: Middel/Pühler/Lilie/Vilmar (Hrsg.), Novellierungsbedarf des Transplantationsrechts, S. 17 (37).

politischen Kompromiss darstellt, mit dem das dringende Bedürfnis einer Kodifizierung der Transplantationsmedizin befriedigt werden sollte.

Dieser politische Kompromiss könnte in der Konsequenz eine Restriktion des Anwendungsbereichs des Gesetzes zur Folge gehabt haben; etwa in der Weise, dass das TPG lediglich für den Umgang mit lebenswichtigen Organen gelten sollte, für die ohne Zweifel das größte und zeitlich drängendste Regelungserfordernis bestand.

Wäre dies die Intention des Gesetzgebers gewesen, könnte bereits unter historischen Gesichtspunkten die Entstehungsgeschichte des TPG einer Zuordnung der VCA zum TPG entgegenstehen. Denn eine solch extensive Anwendung des Gesetzes stünde dem ursprünglichen Willen des Gesetzgebers geradezu entgegen.

Ausdrückliche Hinweise auf ein solches Verständnis lassen sich jedoch kaum finden.

Einzig könnte die vom Gesetzgeber im Gesetzesentwurf zum TPG wiederholt verwendete, ausdrückliche Formulierung „lebenswichtige Organe"[305] als Indiz für eine solche Restriktion des Anwendungsbereiches des Gesetzes in Betracht kommen.

Bei genauerer Befassung mit dem Gesetzesentwurf ist eine solche Sichtweise allerdings nicht überzeugend.

Der Gesetzgeber hat das TPG grundsätzlich für Organe, Organteile und darüber hinaus auch für Gewebe vorgesehen und den Anwendungsbereich somit nicht in dieser Weise restriktiv, sondern sehr weit ausgestaltet.[306]

Zwar hat er eine Differenzierung lebenswichtiger und anderer Organe durchaus vorgenommen, allerdings wollte er damit nicht den Anwendungsbereich des TPG auf lebensnotwendige Organe einschränken. Vielmehr hat er ein besonderes Regelungsbedürfnis im Hinblick auf die Organisation und alle damit verbundenen Fragen bei den Transplantationen dieser Organe gesehen, zu denen das Herz, die Leber, die Lunge, die Niere, der Darm sowie die Bauchspeicheldrüse, mithin die sogenannten vermittlungspflichtigen und zugleich lebenswichtigen Organe gehörten. In der Folge hat der Gesetzgeber

---

305 Gesetzesentwurf der Fraktionen der CDU/CSU, SPD und F.D.P. für ein Gesetz über die Spende, Entnahme und Übertragung von Organen (Transplantationsgesetz – TPG), Bundesdrucksache 13/4355 vom 16.04.1996, S. 2, aaO.
306 Vgl. § 1 Abs. 1 TPG a. F.

also spezielle ergänzende Regelungen im Gesetz aufgenommen, die nur für diese bestimmten Organe anwendbar waren.

Es bleibt festzuhalten, dass der Deutsche Bundestag den Anwendungsbereich des TPG, auch mit Blick auf die Entstehungsgeschichte, nicht auf lebenswichtige Organe begrenzt und damit erheblich eingeschränkt hat, sondern vielmehr einem besonderen ergänzenden Regelungsbedürfnis bei solchen vermittlungspflichtigen Organen durch zusätzliche Vorschriften nachgekommen ist.

Damit steht aber ein etwaiges Erfordernis einer Lebensnotwendigkeit der Subsumtion von VCA unter das TPG nicht von vornherein entgegen. Dies gilt unabhängig von der konkreten Einordnung von VCA als Organe oder Gewebe im TPG.

b) VCA als Organe im Sinne des TPG

Das TPG findet Anwendung auf menschliche Organe im Sinne des § 1a Nr. 1 TPG sowie Gewebe im Sinne des § 1a Nr. 4 TPG. Es kommt damit maßgeblich darauf an, ob VCA unter die Organ- oder Gewebedefinition subsumiert werden können. Das wäre dann anzunehmen, wenn alle Tatbestandsmerkmale einer der Definitionen erfüllt sind.

Ist dies der Fall, finden grundsätzlich die entsprechenden Vorschriften Anwendung und VCA werden rechtlich wie Organe oder Gewebe behandelt.

Lassen sie sich dagegen nicht unter eine der Definitionen subsumieren oder erweisen sich die anwendbaren Normen als ungeeignet für den Umgang mit VCA, stellt sich die Frage nach der Schaffung eines speziellen, auf VCA zugeschnittenen Regelungssystems.

Nach § 1a Nr. 1 TPG „sind Organe, mit Ausnahme der Haut, alle aus verschiedenen Geweben bestehenden, differenzierten Teile des menschlichen Körpers, die in Bezug auf Struktur, Blutgefäßversorgung und Fähigkeit zum Vollzug physiologischer Funktionen eine funktionale Einheit bilden [...]".

VCA wie Arme, Hände oder Gesichter sind differenzierte Teile des menschlichen Körpers, die aus verschiedenen Geweben bestehen und eine Blutgefäßversorgung aufweisen.[307] Insoweit lassen sie sich der Organdefinition untergliedern.

---

307 Gutmann/Wiese, aaO., S. 84 (85).

Allerdings setzt § 1a Nr. 1 TPG zusätzlich voraus, dass Organe „in Bezug auf Struktur, Blutgefäßversorgung und Fähigkeit zum Vollzug physiologischer Funktionen eine funktionale Einheit bilden". Im Gegensatz zu den anderen Tatbestandsmerkmalen erweist sich die Subsumtion von VCA unter das Merkmal der funktionalen Einheit als problematisch.

Dieser Frage kann erhebliche Bedeutung zukommen. Denn weisen VCA eine funktionale Einheit im Sinne des § 1a Nr. 1 TPG auf, so sind alle Tatbestandsmerkmale der Organdefinition erfüllt. VCA würden dann rechtlich wie Organe behandelt und unterlägen im Wesentlichen den Vorschriften des TPG.

Ist eine funktionale Einheit dagegen zu verneinen, so liegt eine Subsumtion unter die Gewebedefinition, verbunden mit einer arzneimittelrechtlichen Behandlung von VCA überwiegend nach dem AMG und damit die Zugrundelegung eines gänzlich anderen Regelungssystems nahe.

aa) Funktionale Einheit

Das Tatbestandsmerkmal der funktionalen Einheit hat für die rechtliche Einordnung von VCA eine hervorgehobene Bedeutung. Deshalb wird im Folgenden detailliert darauf eingegangen, ob VCA dieses Merkmal erfüllen.

Bisherige Ausführungen in der einschlägigen Fachliteratur behandeln dieses Thema eher allgemein. Auf der einen Seite wird die funktionale Einheit abgelehnt und dabei auf bestehende Unterschiede zwischen soliden vermittlungspflichtigen Organen und VCA verwiesen und festgestellt, dass VCA wegen dieser Unterschiede grundsätzlich keine mit vermittlungspflichtigen Organen vergleichbare funktionale Einheit bilden können.[308] Auf der anderen Seite wird die Annahme der funktionalen Einheit ohne tiefere Reflexion bejaht, indem auf das medizinische Organverständnis, nach dem eine funktionale Einheit auch bei optisch scheinbar getrennten Strukturen bestehen kann, hingewiesen wird.[309]

Vor einer umfassenden Auseinandersetzung mit der Frage, ob eine funktionale Einheit vorliegt, ist es erforderlich, die mit der Annahme oder

---

308 Vgl. Lilie, Composite Tissue – Organe, Gewebe oder Aliud, aaO., S. 263 (267); Pühler/Hübner, Komplexe Gewebe – komplexe Fragen, aaO., S. 11 (12); Hülsemann, aaO., S. 14.
309 Vgl. Gutmann/Wiese, aaO., S. 84 (85).

Rechtliche Einordnung von VCA   85

Ablehnung dieses Merkmals einhergehenden Konsequenzen zu erörtern, denn bei nicht divergierenden Konsequenzen wäre die vertiefte Auseinandersetzung mit dieser Frage bedeutungslos.

(1) Annahme der funktionalen Einheit bei VCA

Nimmt man an, dass eine funktionale Einheit in Bezug auf Struktur, Blutgefäßversorgung und Fähigkeit zum Vollzug physiologischer Funktionen im Sinne des § 1a Nr. 1 TPG bei VCA vorliegt, so sind sämtliche Tatbestandsmerkmale der Organdefinition erfüllt. VCA wären demzufolge auch in rechtlicher Hinsicht Organe, sodass die entsprechenden Vorschriften des TPG bezüglich des Umgangs mit menschlichen Organen anwendbar wären.

Eine Anwendung der Organvorschriften auf VCA erscheint grundsätzlich angemessen. Dies verdeutlichen die zwischen der VCA-Transplantation und der Transplantation solider Organe bestehenden Parallelen, wie die Notwendigkeit einer immunsuppressiven Therapie oder die Einhaltung einer kurzen Ischämiezeit.[310]

Aufgrund der dennoch bestehenden Unterschiede zwischen VCA auf der einen, und soliden Organen auf der anderen Seite, ergeben sich jedoch auch klärungsbedürftige Fragen bezüglich einiger Vorschriften des TPG, wenn man eine funktionale Einheit bei VCA annimmt.

So ist unter anderem auf die in § 11 TPG geregelte Koordinierungsstelle und ihre Rolle bei der VCA-Transplantation, sowie auf die etwaige Notwendigkeit einer Vermittlungspflicht im Sinne des § 12 TPG bei VCA einzugehen.

Darüber hinaus stellen sich unter Beachtung der auch in ethischer Hinsicht bestehenden Differenzen zwischen VCA-Transplantationen und Transplantationen solider Organe[311] wichtige Fragen im Hinblick auf die Anforderungen an eine angemessene Aufklärung gemäß § 2 TPG und eine Einwilligung im Sinne des § 3 TPG.

Das TPG würde folglich eine existierende und grundsätzlich angemessene rechtliche Grundlage für den Umgang mit VCA darstellen. Dies würde

---

310 Nähere Ausführungen zu diesen und weiteren Parallelen zwischen der VCA-Transplantation und der soliden Organtransplantation, siehe D. II. 1. b) aa) (3) (c) dieser Arbeit.
311 Vgl. insoweit B. II. 1. e) aa) (1) dieser Arbeit.

aber einen gegebenenfalls dennoch vorhandenen Regelungsbedarf in einigen Punkten nicht ausschließen.

(2) Ablehnung der funktionalen Einheit bei VCA

Lehnt man das Tatbestandsmerkmal der funktionalen Einheit im Falle von VCA ab, so ist die Organdefinition des § 1a Nr. 1 TPG nicht erfüllt. VCA stellten dann keine Organe im rechtlichen Sinne dar. Es ergäbe sich die Frage, ob die Tatbestandsvoraussetzungen der Gewebedefinition erfüllt und VCA damit rechtlich, wie Gewebe zu behandeln wären.

Die Gewebedefinition des TPG ist sehr weit gefasst. Gemäß § 1a Nr. 4 TPG „sind Gewebe alle aus Zellen bestehenden Bestandteile des menschlichen Körpers, die keine Organe nach Nummer 1 sind, einschließlich einzelner menschlicher Zellen".

Davon sind VCA, sofern man eine Organeigenschaft im Sinne der Nr. 1 ablehnt, ohne Weiteres erfasst, da es sich bei ihnen um aus Zellen bestehende Bestandteile des menschlichen Körpers handelt. Ebenso unterliegen grundsätzlich auch solide Organe dieser Gewebedefinition, weisen jedoch ihrer Beschaffenheit (zum Beispiel Vaskularisation) und Funktionalität nach ein „Mehr" gegenüber einfachem Gewebe auf und wurden deshalb gesetzlich gesondert geregelt.[312]

Unterstellt man VCA der Gewebedefinition des § 1a Nr. 4 TPG, so ergibt sich in der Folge eine arzneimittelrechtlich geprägte Behandlung. Das AMG findet Anwendung auf den Umgang mit Gewebe und Gewebezubereitungen. Gemäß § 4 Abs. 30 AMG sind Gewebezubereitungen „Arzneimittel, die Gewebe im Sinne von § 1 a Nr. 4 TPG des Transplantationsgesetzes sind oder aus solchen Geweben hergestellt worden sind […]". Stuft man also VCA als Gewebe im Sinne des § 1a Nr. 4 TPG ein, ist über § 4 Abs. 30 AMG eine arzneimittelrechtliche Behandlung nach dem AMG vorgegeben.

Ob dies eine überzeugende und angemessene rechtliche Behandlung von VCA darstellt, ist in höchstem Maße zweifelhaft.

Die Zuordnung von herkömmlichen Geweben zum Arzneimittelrecht ist grundsätzlich nachvollziehbar. So werden einfache Gewebe nicht unmittelbar nach der Entnahme beim Spender transplantiert, sondern üblicherweise

---

312 Vgl. Pühler/Hübner, Komplexe Gewebe – komplexe Fragen, aaO., S. 11 (12).

erst prozessiert, also aufbereitet, weiterverarbeitet, konserviert und in Gewebebanken gelagert.[313]

Es besteht kein Zeitdruck wie bei Organtransplantationen. Gerade im Hinblick auf die zahlreichen Aufbereitungsmöglichkeiten, etwa des Knochens, und die Art und Weise, wie er beim Empfänger wieder implantiert wird, erscheint es überzeugend, Gewebe dem von zahlreichen, zeitaufwendigen Erlaubnis- und Zulassungserfordernissen geprägten AMG zu unterstellen.[314]

Allerdings weisen VCA-Transplantationen, anders als Transplantationen herkömmlicher Gewebe, mehrere Parallelen zu Organtransplantationen auf. Insbesondere besteht eine sehr kurze Ischämiezeit, mit der Folge, dass VCA ohne weitere Prozessierung innerhalb eines kurzen Zeitfensters transplantiert werden müssen. Legt man diesen Umstand und weitere zwischen VCA- und Organtransplantationen bestehende Gemeinsamkeiten[315] zugrunde, wird deutlich, dass für den Umgang mit VCA ein den organrechtlichen Vorgaben vergleichbares Regelungssystem angemessen erscheint.

Das AMG dagegen ist, verglichen mit den organrechtlichen Regelungen des TPG, anders strukturiert und konzipiert und lässt insbesondere den die VCA-Transplantationen wesentlich prägenden zeitlichen Aspekt unbeachtet.

Es stellt sich die Frage, ob die einschlägigen Vorschriften des AMG einen effektiven Umgang mit VCA-Transplantationen dennoch zulassen und gewährleisten können.

So könnte zum Beispiel eine Anwendbarkeit von § 21 AMG erfolgreichen VCA-Transplantationen entgegenstehen. Nach § 21 Abs. 1 S. 1 AMG dürfen Fertigarzneimittel, die Arzneimittel im Sinne des § 2 Abs. 1 oder Abs. 2 Nr. 1 sind, „im Geltungsbereich dieses Gesetzes nur in den Verkehr gebracht werden, wenn sie durch die zuständige Bundesoberbehörde zugelassen sind […]". § 21 Abs. 1 S. 1 AMG normiert damit eine Zulassungspflicht für Gewebe, die unter Beachtung der begrenzten Ischämiezeit bei VCA effektive Transplantationen komplexer Gewebe wesentlich erschweren oder gar unmöglich machen würde.

---

313 Hülsemann, aaO., S. 20.
314 Hülsemann, aaO., S. 20.
315 Siehe D. II. 1. b) aa) (3) (c) dieser Arbeit.

Allerdings enthält § 21 Abs. 2 AMG Ausnahmen von der Zulassungspflicht. So benötigen nach § 21 Abs. 2 Nr. 1a AMG Arzneimittel, „bei deren Herstellung Stoffe menschlicher Herkunft eingesetzt werden und die entweder zur autologen oder gerichteten, für eine bestimmte Person vorgesehenen Anwendung bestimmt sind […]", keine Zulassung der zuständigen Bundesoberbehörde. Eine etwaige Zulassungspflicht gemäß § 21 AMG steht erfolgreichen VCA-Transplantationen somit nicht entgegen.

Überdies ergibt sich aus § 13 Abs. 1 S. 1 AMG das Erfordernis einer Herstellungserlaubnis der zuständigen Behörde für sämtliche unter § 2 Abs. 1 und Abs. 2 Nr. 1 AMG subsumierbaren Arzneimittel. Gemäß § 2 Abs. 1 Nr. 1 AMG sind Arzneimittel „Stoffe […], die zur Anwendung im oder am menschlichen oder tierischen Körper bestimmt sind und als Mittel mit Eigenschaften zur Heilung oder Linderung oder zur Verhütung menschlicher oder tierischer Krankheiten oder krankhafter Beschwerden bestimmt sind […]".

Solche Stoffe im Sinne des § 2 Abs. 1 AMG sind nach § 3 Nr. 3 AMG auch Körperteile und Körperbestandteile des Menschen in bearbeitetem oder auch unbearbeitetem Zustand. Hierzu gehören grundsätzlich auch VCA.

Folglich würde die Herstellungserlaubnis des § 13 Abs. 1 S. 1 AMG auch für VCA gelten. Allerdings regelt § 13 Abs. 1a Nr. 1 AMG, neben den darüber hinaus in § 13 Abs. 2 AMG enthaltenen Ausnahmen, ausdrücklich die Unanwendbarkeit von § 13 Abs. 1 AMG „auf Gewebe im Sinne von § 1a Nr. 4 des Transplantationsgesetzes, für die es einer Erlaubnis nach § 20b oder §20c bedarf".

Während § 20b AMG eine Erlaubnis für die Gewinnung von Gewebe und die Laboruntersuchungen enthält, fordert § 20c AMG eine Erlaubnis für die Be- oder Verarbeitung, Konservierung, Prüfung, Lagerung oder das Inverkehrbringen von Gewebe oder Gewebezubereitungen und stellt damit die für VCA einschlägige Vorschrift dar.

Danach bedarf „eine Einrichtung, die Gewebe oder Gewebezubereitungen, die nicht mit industriellen Verfahren be- oder verarbeitet werden und deren wesentliche Be- oder Verarbeitungsverfahren in der Europäischen Union hinreichend bekannt sind, be- oder verarbeiten, konservieren, prüfen, lagern oder in den Verkehr bringen will", abweichend von § 13 Abs. 1 AMG einer Erlaubnis der zuständigen Behörde.

Das Erfordernis, eine solche Erlaubnis einzuholen, stünde effektiven VCA-Transplantationen wiederum entscheidend entgegen. Wenn die Klinik, die komplexe Gewebe zum Zwecke der Transplantation entnimmt, stets vor der Transplantation beim Empfänger eine Erlaubnis der zuständigen Behörde abwarten muss, ist zweifelhaft, ob VCA wegen ihrer kurzen Ischämiezeit dann noch verwendet werden können.

Zu beachten ist jedoch die in § 20d S. 1 AMG geregelte Ausnahme, nach der „eine Person, die Arzt ist oder sonst zur Ausübung der Heilkunde bei Menschen befugt ist und die dort genannten Tätigkeiten mit Ausnahme des Inverkehrbringens ausübt, um das Gewebe oder die Gewebezubereitung persönlich bei ihren Patienten anzuwenden", einer Erlaubnis nach § 20b AMG oder § 20c AMG nicht bedarf.

Einzig fraglich erscheint, ob das Merkmal des Inverkehrbringens, das die Ausnahmeregelung des § 20d S. 1 AMG ausschließen würde, im Hinblick auf die Transplantation von VCA erfüllt ist.

Nach § 4 Abs. 17 AMG ist Inverkehrbringen „das Vorrätighalten zum Verkauf oder zu sonstiger Abgabe, das Feilhalten, das Feilbieten und die Abgabe an andere".

Zwar ist bei VCA-Transplantationen ein Vorrätighalten, ebenso wie ein Feilhalten oder Feilbieten, nicht anzunehmen, allerdings werden bei VCA-Transplantationen komplexe Gewebe vom Spender an den Empfänger übertragen und damit „an andere abgegeben".[316]

Das Merkmal des Inverkehrbringens ist damit in der Variante der „Abgabe an Andere" erfüllt und die Ausnahme gemäß § 20d AMG von der Erlaubnispflicht des § 20c Abs. 1 AMG auf VCA nicht anwendbar.

Im Ergebnis wird deutlich, dass das AMG für herkömmliche einfache Gewebe eine nachvollziehbare rechtliche Grundlage darstellt, jedoch kein angemessenes Regelungssystem für den Umgang mit VCA enthält.

Während bei VCA-Transplantationen insbesondere der Faktor einer begrenzten zur Verfügung stehenden Zeitspanne zwischen Entnahme und Transplantation eine übergeordnete Rolle einnimmt, wird diesem Umstand im Rahmen des AMG nicht Rechnung getragen.

---

316 Hülsemann, aaO., S. 22.

Im Gegenteil ist das AMG strukturell auf zwar sorgfältige, aber meist nicht mit hohem Zeitdruck ablaufende Prozesse ausgerichtet.

Dies zeigt sich sowohl anhand verschiedener notwendiger Erlaubnis- und Zulassungsvoraussetzungen als auch an im AMG verwendeten Begrifflichkeiten, wie dem Vorrätig- und Feilhalten, die eine vorherige Lagerung der Präparate implizieren, und damit auf eine andere Kategorie von Geweben, nämlich den nicht-vaskularisierten Geweben, abstellen.

Ordnet man VCA als Gewebe im Sinne des § 1a Nr. 4 TPG ein, ist man beim Umgang mit diesen Geweben durch arzneimittelrechtliche Strukturen und Vorschriften limitiert.[317] Diese können als gesetzliche Grundlage für VCA in keiner Weise überzeugen, weil sie dem medizinischen Erfolg von VCA-Transplantationen entgegenstehen. Das AMG stellt das falsche Instrument zur Sicherstellung von Qualität und Sicherheit bei dieser Art von Transplantationen dar.

Eine Ablehnung der funktionalen Einheit und damit einhergehende Einordnung von VCA als Gewebe im Sinne des TPG wäre folglich mit einem erheblichen Regelungsbedarf verbunden, um eine angemessene rechtliche Grundlage für den Umgang mit VCA zu schaffen.

Insoweit kämen verschiedene Ansätze in Betracht, die im Folgenden skizziert werden.

(a) Lösung in Anlehnung an die EU-Regelungssystematik

Die Europäische Union normiert umfassende und detaillierte rechtliche Vorschriften für den Umgang mit Geweben. Unter anderem differenziert sie zwischen unterschiedlichen Gewebearten.

So geht aus Art. 6 Abs. 5 der Geweberichtlinie eine Unterscheidung zwischen unbearbeiteten Gewebetransplantaten einerseits und Geweben zur weiteren Prozessierung andererseits hervor. Dies hat zur Folge, dass für Gewebetransplantate die Regelungen des Art. 6 der Richtlinie und damit die Bestimmungen für die staatliche Zulassung, Benennung, Genehmigung oder Lizenzierung von Gewebeeinrichtungen nicht gelten.

Während die Europäische Union den Umgang mit Geweben sorgfältig geregelt hat, erfolgte die Umsetzung der Richtlinie durch den nationalen

---

317 Lilie, Composite Tissue – Organe, Gewebe oder Aliud, aaO., S. 263 (271).

Gesetzgeber in Deutschland ohne entsprechende und angemessene Differenzierungen.[318]

Stattdessen wurden Gewebe einheitlich den arzneimittelrechtlichen Regelungen des AMG unterworfen.[319] Dies führt dazu, dass nicht nur Gewebe zur weiteren Prozessierung, sondern auch die unbearbeiteten Gewebetransplantate sowie VCA, sofern man sie als Gewebe im Sinne des § 1a Nr. 4 TPG einordnet, den Vorschriften des AMG unterliegen, obgleich sich dieses Regelungssystem als für VCA völlig ungeeignet erweist.[320]

Dies ist auch darin begründet, dass VCA-Transplantationen zum Zeitpunkt des Inkrafttretens des AMG im Jahre 1978 noch nicht durchgeführt wurden und der Gesetzgeber diese Möglichkeiten der Transplantationsmedizin nicht im Blick haben konnte.

Folgt man dem Gedanken, dass VCA der Gewebedefinition des § 1a Nr. 4 TPG unterfallen, und will man gleichzeitig den detaillierten europäischen Vorgaben hinsichtlich des Umgangs mit Gewebe gerecht werden, lässt sich eine differenzierte Betrachtungsweise unter Berücksichtigung des europäischen Ansatzes auch auf nationaler Ebene vornehmen.

Überzeugend könnte demnach eine Differenzierung zwischen unbearbeiteten Gewebetransplantaten sowie VCA mit entsprechenden Folgeregelungen im TPG auf der einen Seite und Geweben zur weiteren Prozessierung mit Folgeregelungen im AMG auf der anderen Seite sein.[321]

VCA wären von Organen im Sinne des § 1a Nr. 1 TPG sowie Geweben zur weiteren Prozessierung abzugrenzen.[322] Einschlägig wären dann

---

318 Vgl. Pühler/Ehninger, aaO., S. 75 (75 ff.); Lilie, Composite Tissue – Organe, Gewebe oder Aliud, aaO., S. 263 (270 f.).
319 Siehe C. I. 2. b) cc) dieser Arbeit.
320 Vgl. Lilie, Composite Tissue – Organe, Gewebe oder Aliud, aaO., S. 263 (271); Gutmann/Wiese, aaO., S. 84 (87); Siegmund-Schultze, Lücke bei Regelung zu Gewebekomplexen, Deutsches Ärzteblatt vom 25.05.2012, im Internet unter: https://www.aerzteblatt.de/archiv/126350/Novellierung-des-Transplantationsgesetzes-Luecke-bei-Regelung-zu-Gewebekomplexen (letzter Abruf: 19.01.2018).
321 Vgl. Pühler/Hübner, Komplexe Gewebe – komplexe Fragen, aaO., S. 11 (16); Stellungnahme der Bundesärztekammer vom 04.05.2006 zum Entwurf eines Gewebegesetzes, S. 34, im Internet unter: http://www.bundesaerztekammer. de/fileadmin/user_upload/downloads/ZStell.pdf (letzter Abruf: 07.02.2018).
322 Vgl. Pühler/Hübner, Komplexe Gewebe – komplexe Fragen, aaO., S. 11 (16).

insbesondere die für Gewebe geltenden Vorschriften des TPG sowie unter Beachtung der bestehenden Parallelen der VCA-Transplantation zur Organtransplantation die §§ 9 ff. TPG. Damit würden VCA den unpassenden Vorschriften des AMG, insbesondere der in § 20c AMG verankerten Erlaubnisvoraussetzung, nicht mehr unterfallen.[323]

Im Ergebnis geht dieser Ansatz mit einer sachgerechten Lösung für den Umgang mit VCA einher, ist aber auch mit einem erheblichen Regelungsaufwand verbunden.

Nach diesem Lösungsvorschlag finden nicht nur die Vorschriften des TPG über Gewebe, sondern darüber hinaus auch die §§ 9 ff. TPG und somit Normen, die ausdrücklich für den Umgang mit Organen gelten, auf VCA analoge Anwendung.

Erscheint aber das gesamte Regelungssystem bezüglich Organen auch für den Umgang mit VCA angemessen, stellt sich die Frage, ob eine Ergänzung der Organdefinition um VCA oder die Aufnahme der VCA ins TPG als eigene Entität überzeugender erscheint.

Letzteres ist auch im Falle der soliden Organe, wie Herz, Leber, Niere, Lunge, Bauchspeicheldrüse und Darm, erfolgt, die grundsätzlich vom Anwendungsbereich der Gewebedefinition des § 1a Nr. 4 TPG umfasst sind, allerdings spezialgesetzlich als eigene Entität geregelt wurden.

(b) VCA als Organ

Lehnt man die Annahme einer funktionalen Einheit im Sinne des § 1a Nr. 1 TPG im Falle von VCA ab und unterstellt sie stattdessen der weit gefassten Gewebedefinition des § 1a Nr. 4 TPG, so ergibt sich zur Vermeidung der nach der aktuellen Gesetzeslage dann einschlägigen arzneimittelrechtlichen Behandlung nach dem AMG ein weiterer Lösungsansatz.

Gerade vor dem Hintergrund, dass die Regelungen über Organe für den Umgang mit VCA im Wesentlichen angemessen erscheinen, wäre eine Aufnahme der VCA in die Organdefinition des § 1a Nr. 1 TPG zu erwägen.[324] Selbst wenn man eine funktionale Einheit ablehnte, könnte man die Definition in einem Zusatz ausdrücklich um VCA ergänzen und diese somit unmittelbar dem Regelungsregime der Organe zuordnen.

---

323 Pühler/Hübner, Komplexe Gewebe – komplexe Fragen, aaO., S. 11 (17).
324 Pühler/Hübner, Komplexe Gewebe – komplexe Fragen, aaO., S. 11 (16).

Im Hinblick auf die Vorschriften der §§ 9 ff. TPG bedürfte es keiner analogen Anwendung mehr. Auf diese Weise könnte man VCA der mit der Einordnung als Gewebe einhergehenden arzneimittelrechtlichen Behandlung entziehen.

Zum einen ließe sich dieser Ansatz mit geringem Aufwand in das System des TPG eingliedern und würde, wie auch der erste hier erwähnte Ansatz, eine angemessene rechtliche Behandlung von VCA gewährleisten. Zum anderen drohen die Gefahr einer Überbeanspruchung der bestehenden Organdefinition sowie begriffliche Schwierigkeiten bei der Zuordnung von Gewebe zu einer Organdefinition.[325]

(c) VCA als eigene Entität

In Betracht kommt ein dritter Lösungsansatz:

Es ist zu überlegen, VCA als eigene Entität im TPG aufzunehmen und neben Organen und Geweben autonom zu definieren.[326] Damit wären die Vorschriften des TPG anwendbar, die für den Umgang mit VCA angemessen erscheinen.

Man vermeidet auf diese Weise die mit den oben genannten Ansätzen[327] verbundenen Folgeprobleme und wird dem Umstand gerecht, dass sich VCA weder den Organen noch den Geweben eindeutig zuordnen lassen.

Welcher der Lösungsansätze im Ergebnis überzeugt, ist an dieser Stelle zunächst nicht zu entscheiden. Sollte eine funktionale Einheit im Sinne des § 1a Nr. 1 TPG im Ergebnis anzunehmen sein, wären die hier skizzierten Lösungsansätze, also die Anlehnung an die EU-Regelungssystematik bezüglich Gewebe, die Einordung von VCA als Organe oder die gesetzliche Behandlung als eigene Entität, die allesamt von einer Ablehnung der funktionalen Einheit ausgehen, nicht anwendbar.

(3) Stellungnahme

Die Entscheidung, das Merkmal der funktionalen Einheit bei VCA anzunehmen oder abzulehnen, führt zu den oben dargelegten unterschiedlichen

---

325 Lilie, Composite Tissue – Organe, Gewebe oder Aliud, aaO., S. 263 (274).
326 Vgl. Lilie, Composite Tissue – Organe, Gewebe oder Aliud, aaO., S. 263 (274).
327 Siehe D. II. 1. b) aa) (2) (a), (b) dieser Arbeit.

Konsequenzen.[328] Deshalb ist eine umfassende und tiefgreifende Auseinandersetzung mit dieser Frage erforderlich.

Die verschiedenen Sichtweisen bezüglich einer funktionalen Einheit bei VCA führen im Ergebnis zu erheblich divergierenden rechtlichen Behandlungen. Während die Annahme des Tatbestandsmerkmals der funktionalen Einheit für VCA in einer überwiegend organrechtlichen Behandlung nach dem TPG münden würde, wäre eine Ablehnung dieses Merkmals mit einem arzneimittelrechtlich geprägten, unangemessenen Umgang nach dem AMG und angesichts dieser Unstimmigkeiten im Ergebnis mit einem erheblichen Regelungsbedarf verbunden.

Dem Merkmal der funktionalen Einheit kommt somit für die rechtliche Einordnung von VCA übergeordnete Bedeutung zu. Ob eine solche funktionale Einheit im Sinne des § 1a Nr. 1 TPG auch im Falle von VCA angenommen werden kann, ist durch Auslegung zu ermitteln.

Die juristische Auslegung hat dabei nach klaren Regeln zu erfolgen. Anerkannt sind vier klassische Auslegungsmethoden. Zu unterscheiden sind die Auslegung nach dem Wortlaut, der Systematik, der Teleologie sowie der Historie.[329]

Im Ausgangspunkt ist der Wortlaut einer Vorschrift in den Blick zu nehmen und zu fragen, ob diese bereits dem Wortlaut nach anwendbar ist. Sollte die Wortlautauslegung zu keinem eindeutigen Ergebnis führen, sind die weiteren Auslegungsmethoden heranzuziehen.[330]

Bei der systematischen Auslegung wird die Norm im Gesamtkontext mit anderen, kongruierenden Vorschriften betrachtet und die Frage aufgeworfen, ob ihre systematische Stellung im Gesetz Rückschlüsse auf ihre Anwendbarkeit zulässt.[331] Im Rahmen dieser Auslegungsmethode sollte auch die systematische Stellung in der Normenhierarchie, und damit insbesondere eine etwaige Europarechtskonformität beachtet werden.[332]

---

328 Siehe D. II. 1. b) aa) dieser Arbeit.
329 Vgl. Hassemer, Juristische Methodenlehre und richterliche Pragmatik, Rechtstheorie (2008) 39, S. 1 (9).
330 Vgl. Schroth, Die Auslegungsproblematik von Rechtsnormen, in: Hassemer/Neumann/Saliger (Hrsg.), Einführung in Rechtsphilosophie und Rechtstheorie der Gegenwart, S. 256 (257 ff).
331 Vgl. Bydlinski, Juristische Methodenlehre und Rechtsbegriff, S. 442 ff.
332 Vgl. Schmalz, Methodenlehre, S. 109.

Während sich darüber hinaus die teleologische Auslegung mit der Frage befasst, ob die Norm nach ihrem Sinn und Zweck auf einen bestimmten Sachverhalt Anwendung findet, blickt man im Rahmen der historischen Auslegung auf die Entstehung der Norm und fragt, ob der Gesetzgeber den Anwendungsbereich der Vorschrift auf einen bestimmten Tatbestand erstrecken wollte oder nicht.[333]

(a) Wortlaut

Es stellt sich zunächst die Frage, wie der Wortlaut des Tatbestandsmerkmals der funktionalen Einheit im Sinne des § 1a Nr. 1 TPG zu verstehen ist.

Eine ausdrückliche und im Gesetz enthaltene Begriffserklärung besteht insoweit nicht. Es ist davon auszugehen, dass solide Organe eine solche funktionale Einheit darstellen, denn würden nicht einmal diese dem Begriff zugeordnet werden können, wäre der Anwendungsbereich des TPG nahezu auf null reduziert.

Zwischen soliden Organen und VCA bestehen aber durchaus Unterschiede, sodass die Annahme einer funktionalen Einheit bei soliden Organen nicht zwingend mit der Bejahung dieses Merkmals auch im Falle von VCA einhergeht.

Da jedoch näher spezifizierte Anforderungen an den Begriff der funktionalen Einheit dem Wortlaut nicht zu entnehmen sind, ist davon auszugehen, dass VCA zwar nicht von vornherein dem Wortlaut nach eine funktionale Einheit im Sinne des § 1a Nr. 1 TPG aufweisen, auf der anderen Seite dieses Merkmal aber ebenso wenig a priori verneint werden kann. Denn auch den VCA, wie der Hand oder dem Gesicht, kann ein gewisses einheitliches Gefüge nicht abgesprochen werden.

Anhaltspunkte dafür, dass die funktionale Einheit an die Eigenschaften solider Organe anknüpft und damit nur besteht, wenn eine Funktionseinheit vergleichbar solider Organe gegeben ist, sind bei der Betrachtung des Wortlauts der Vorschrift nicht ersichtlich. Folglich führt die Wortlautauslegung zu keinem eindeutigen Ergebnis, sodass die weiteren Auslegungsmethoden heranzuziehen sind.

---

333 Vgl. Bydlinski, aaO., S. 449 ff.

(b) Systematik

In systematischer Hinsicht ist anzumerken, dass der Gesetzgeber in § 1a Nr. 1 TPG eine ausdrückliche Ausnahme normierte, indem er die Haut von der Organdefinition ausnahm. Da die Haut unter medizinischen Gesichtspunkten als das größte menschliche Organ gilt,[334] besteht insoweit ein Unterschied zwischen dem medizinischen sowie dem rechtlichen Organverständnis.

Hätte der Gesetzgeber bereits eines der Tatbestandsmerkmale der Organdefinition des § 1a Nr. 1 TPG im Falle der Haut für nicht anwendbar gehalten, hätte es einer ausdrücklichen Ausnahmeregelung nicht bedurft. Auch ohne explizite Normierung wäre eine Organeigenschaft der Haut in diesem Fall nicht anzunehmen gewesen.

Die dennoch erfolgte explizite Ausnahme der Haut in der Organdefinition lässt sich als Indiz dafür verstehen, dass der Gesetzgeber die sonstigen Merkmale der Definition und damit auch eine funktionale Einheit im Falle der Haut als gegeben, zumindest aber als nicht offensichtlich ausgeschlossen angesehen hat.

Auch VCA stellen im medizinischen Sinne grundsätzlich Organe dar.[335] Eine ausdrückliche Ausnahme von der rechtlichen Organdefinition ist dem Gesetz nicht zu entnehmen. Berücksichtigt man die zur Haut angestellten Erwägungen, erscheint es nicht überzeugend, eine funktionale Einheit im Falle von VCA abzulehnen und gleichzeitig eine solche im Falle der Haut anzunehmen.

Es ist davon auszugehen, dass der Gesetzgeber, sofern er komplexe Gewebe von der Organdefinition ausnehmen wollte, ebenso eine explizite Regelung hätte schaffen müssen. Dies gilt besonders vor dem Hintergrund, dass zur Zeit der Einführung der Organdefinition in Umsetzung der europäischen Organrichtlinie im Jahre 2006 VCA-Transplantationen bereits möglich waren und sich in einem erfolgversprechenden Stadium befanden.[336] Dieser Umstand war dem Gesetzgeber zu jener Zeit bekannt.

---

334 Vgl. Reuter, aaO., Stichwort „Haut", S. 744.
335 Siehe D. I. dieser Arbeit.
336 Vgl. Petit/Minns/Dubernard et al., aaO., S. 19 (21 ff.).

Der systematische Vergleich zur rechtlichen Behandlung der Haut ist ein Hinweis darauf, dass eine funktionale Einheit bei komplexen Geweben anzunehmen ist.

Im Rahmen der systematischen Auslegung ist auch das einschlägige Europarecht in den Blick zu nehmen. Ebenso wie auf nationaler Ebene werden VCA auch auf europäischer Ebene nicht ausdrücklich erwähnt.

Die Europäische Union definiert Organe sowohl in der Geweberichtlinie als auch im Rahmen der Organrichtlinie. Zwar sprechen diese Definitionen dabei nicht von einer erforderlichen funktionalen Einheit, allerdings müssen Organe stattdessen eine deutliche Autonomie aufweisen.

Da diesem Merkmal, verglichen mit dem Begriff der funktionalen Einheit, identische Bedeutung zukommt,[337] ergeben sich auch auf europäischer Ebene die gleichen Probleme und Fragen, etwa nach der Annahme oder Ablehnung einer funktionalen Einheit beziehungsweise einer deutlichen Autonomie im Falle von VCA.

Bei näherer Betrachtung ist davon auszugehen, dass die Europäische Union komplexe Gewebe den Organen zuordnet und damit letztlich auch eine deutliche Autonomie im Falle von VCA annimmt. Während die ursprüngliche Organdefinition im Rahmen der Geweberichtlinie noch das einschränkende Tatbestandsmerkmal der Lebensnotwendigkeit aufweist,[338] wurde dieses Merkmal in der Organdefinition der neueren Organrichtlinie gestrichen[339] und der Anwendungsbereich der Organdefinition damit erheblich ausgedehnt.

Insoweit kann nicht von reinem Zufall oder einem Versehen ausgegangen werden, denn die Organdefinition der Geweberichtlinie wurde, mit der einzigen Ausnahme des Merkmals der Lebensnotwendigkeit, in der Organrichtlinie vollständig übernommen.

Es ist somit vielmehr anzunehmen, dass diese Änderung der Definition durch die Europäische Union bewusst erfolgte, um den Anwendungsbereich zu erweitern.

---

337 Siehe C. II. 2. b) aa) dieser Arbeit.
338 Vgl. Art. 3 lit. e der Richtlinie 2004/23/EG, Amtsblatt der Europäischen Union vom 7.4.2004, L 102/51.
339 Vgl. Art. 3 lit. h der Richtlinie 2010/45/EU, Amtsblatt der Europäischen Union vom 6.8.2010, L 207/18.

Da zur damaligen Zeit die Möglichkeit von VCA-Transplantationen für viel Aufsehen sorgte und als eine zukunftsträchtige medizinische Entwicklung angesehen wurde,[340] liegt die Vermutung nahe, dass der Anwendungsbereich der Organdefinition gerade deshalb erweitert wurde, um auch VCA den Regelungen über Organe zuordnen zu können.

Das Merkmal einer deutlichen Autonomie stand der Zuordnung von VCA zur Organdefinition nicht entgegen, da ansonsten, wenn man dieser Vermutung folgt, die Definition auch im Hinblick auf dieses Merkmal hätte modifiziert werden müssen.

Bereits nach diesen Erwägungen liegt es nahe, VCA den Organen zuzuordnen und damit einhergehend auch eine deutliche Autonomie beziehungsweise eine funktionale Einheit komplexer Gewebe auf europäischer Ebene anzunehmen.

Überdies hat die Europäische Kommission in ihrem Summary Report vom 06.02.2013 VCA der Organrichtlinie in Abgrenzung von der Geweberichtlinie zugeordnet und sich dabei nicht nur auf praktische, sondern darüber hinaus auch auf rechtliche Erwägungen berufen.[341]

Sie hat damit ihren Standpunkt einer rechtlichen Zuordnung von VCA zu den Organen verdeutlicht und zum Ausdruck gebracht, dass aus Sicht der Europäischen Union etwaige Unklarheiten bei der rechtlichen Einordnung von VCA, wie sie in Deutschland diskutiert werden, nicht bestehen.[342]

Im Ergebnis spricht in systematischer Hinsicht sowohl der Vergleich mit der im TPG enthaltenen Regelung bezüglich der Haut als auch ein Blick auf die europarechtlichen Vorgaben für die Annahme einer funktionalen Einheit bei VCA und damit für eine rechtliche Einordnung der komplexen Gewebe zu den Organen.

---

340 Vgl. Ravindra/Xu/Bozulic et al., aaO., S. 1237.
341 Vgl. European Commission (2013): Fifth Meeting of the National Competent Authorities on Organ Donation and Transplantation, Summary Report vom 06.02.2013, S. 5.
342 Vgl. European Commission (2013): Fifth Meeting of the National Competent Authorities on Organ Donation and Transplantation, Summary Report vom 06.02.2013, S. 5.

(c) Teleologie

Die teleologische Auslegung befasst sich mit der Frage, ob die im TPG enthaltenen Organvorschriften ihrem Sinn und Zweck nach auch auf VCA anwendbar sind. Einer Anwendbarkeit im Hinblick auf den Sinn und Zweck der Vorschriften könnten zwischen VCA und soliden Organen bestehende Unterschiede entgegenstehen.

Sollten sich VCA und solide Organe im Ergebnis als gänzlich verschieden und kaum vergleichbar erweisen, wäre dies aus teleologischer Sicht ein Indiz gegen eine entsprechende Anwendbarkeit der Regelungen des TPG auf VCA.

Tatsächlich weisen solide Organe und komplexe Gewebe erwähnenswerte Differenzen auf.

So ist unter anderem zu beachten, dass Organe eine physiologische Funktionseinheit aus spezifischen Gewebekombinationen darstellen, sodass durch den Zusammenschluss dieser Gewebe höhere Funktionseinheiten in Gestalt von Organen erreicht werden können.[343]

Es ließe sich annehmen, dass VCA demgegenüber eine bloße „Ansammlung unterschiedlich differenzierter Zellen (aus zwei oder mehr Zelltypen) einschließlich ihrer extrazellulären Matrix (Interzellularsubstanz)"[344] seien, mit der Konsequenz, dass durch die bloße Ansammlung verschiedener Zellen bei VCA gerade keine höhere Funktionseinheit entstünde.[345]

Überdies ist festzustellen, dass solide Organe, wie das Herz oder die Leber, mit einer erheblichen Autonomie arbeiten und im Wesentlichen nur über Blutgefäße und Nervenbahnen des vegetativen Nervensystems mit dem Körper verbunden sind.[346]

Diese Autonomie stellt einen wesentlichen Unterschied zu den VCA dar. Bei komplexen Geweben, wie der Hand, setzen die Muskeln bereits am Arm an,[347] sodass sie kein mit soliden Organen vergleichbar autonomes Teilstück

---

343 Vgl. Pühler/Hübner, Komplexe Gewebe – komplexe Fragen, aaO., S. 11 (12)
344 Pühler/Hübner, Komplexe Gewebe – komplexe Fragen, aaO., S. 11 (12).
345 Pühler/Hübner, Komplexe Gewebe – komplexe Fragen, aaO., S. 11 (12).
346 Vgl. Schmitz, Herz und Herzbeutel, in: Duale Reihe Anatomie, S. 578 (580).
347 Vgl. Schünke/Schulte/Schumacher, Prometheus – LernAtlas der Anatomie, S. 342 f.

des Körpers und damit jedenfalls keine funktionale Einheit im Sinne von soliden Organen darstellen.

Hinzu kommt, dass VCA, wie die Hand oder das Gesicht, über das menschliche Gehirn willentlich gesteuert werden können, während dies bei soliden Organen zumindest nicht in vergleichbarer Art und Weise angenommen werden kann.[348]

Ein weiteres differenzierendes Merkmal ist, dass solide Organe, im Gegensatz zu VCA, auch durch hormonelle Einwirkungen beeinflusst werden.[349]

Ein zusätzlicher Unterschied zwischen soliden Organen und VCA ergibt sich mit Blick auf die mit den jeweiligen Transplantationen möglicherweise einhergehenden Risiken und Komplikationen.

So stellt das Nachwachsen der Nerven bei den VCA-Transplantationen einen wesentlichen Aspekt dar, denn eine insgesamt erfolgreiche Transplantation setzt voraus, dass die Nerven nachwachsen und damit die Funktionsfähigkeit des Transplantats weitgehend wiederhergestellt werden kann.[350]

Da der Patient durch intensives Training auf das Wachstum der Nerven und somit den Heilungsprozess selbst Einfluss nehmen kann, kann er den Erfolg einer solchen VCA-Transplantation auf eine Art und Weise mitlenken und beeinflussen, die bei Transplantationen von soliden Organen nicht in gleichem Maße möglich ist.[351]

Betrachtet man diese Unterschiede, so ließe sich annehmen, dass die entsprechenden Organvorschriften des TPG zwar auf solide Organe, ihrem Sinn und Zweck nach aber nicht auf VCA anwendbar seien.

Auf der anderen Seite bestehen zwischen VCA und soliden Organen immanente Gemeinsamkeiten, die eine Anwendbarkeit dieser Normen auch auf VCA unter teleologischen Aspekten nahelegen. Wesentliche Parallelen ergeben sich dabei insbesondere hinsichtlich der Anforderungen und Voraussetzungen an die jeweiligen Transplantationen.

So ist zunächst zu berücksichtigen, dass das im Falle der Transplantation solider Organe bestehende Erfordernis einer immunsuppressiven Therapie

---

348 Vgl. Mense, Nervensystem – Grundlagen, in: Duale Reihe Anatomie, S. 194 (212 ff.).
349 Vgl. Deutzmann, Hormone, in: Duale Reihe Biochemie, S. 582 (600).
350 Vgl. Pita-Katzer/Wechselberger/Estermann et al., aaO., S. 210 (215).
351 Vgl. Ebinger/Mentzel/Katzmaier et al., aaO., S. 36 (38).

auch bei der Transplantation von VCA, nicht dagegen bei der Transplantation einfacher Gewebe, besteht.³⁵² Zudem ist aufgrund der Vaskularisierung in beiden Fällen eine zeitlich beschränkte „kalte" Ischämiezeit anzunehmen.³⁵³

Das bedeutet, dass die Zeit zwischen der Entnahme beim Spender und der Transplantation beim Empfänger aufgrund der aussetzenden Blutgefäßversorgung äußerst kurz zu halten ist, um ein Absterben zu verhindern und somit die Funktionsfähigkeit des Transplantats auch nach der Transplantation zu gewährleisten.

Darüber hinaus werden VCA ebenso wie solide Organe, aber im Unterschied zu sonstigen Geweben, frisch und nicht tiefgefroren benötigt, werden grundsätzlich nicht verarbeitet und nicht mit anderen Gegenständen kombiniert.³⁵⁴

Zudem müssen sowohl VCA als auch solide Organe zwingend wieder an die entsprechend gleiche Stelle des menschlichen Körpers transplantiert werden, an der sie sich auch zuvor beim Spender befunden haben.

Bei Berücksichtigung dieser Gemeinsamkeiten von VCA-Transplantationen und Transplantationen solider Organe ist zusätzlich davon auszugehen, dass auch für die Transplantationen von VCA ein Organisations- und Infrastruktursystem vergleichbar dem für Organe im TPG vorgesehenen System erforderlich ist.³⁵⁵

So muss zum Beispiel wegen der Komplexität derartiger Operationen und den damit einhergehenden erheblichen Anforderungen an Technik, Organisation und Können des medizinischen Personals eine Einrichtung zur Transplantation von VCA ebenso professionell ausgestaltet sein wie eine entsprechende Einrichtung zur Transplantation solider Organe.³⁵⁶

Vor dem Hintergrund der dargelegten Gemeinsamkeiten bezüglich der Anforderungen und Voraussetzungen der Transplantationen solider Organe sowie der Transplantationen von VCA erscheint es überzeugend

---

352 Siehe A. II. dieser Arbeit.
353 Vgl. Cendales/Rahmel/Pruett, aaO., S. 1086.
354 Vgl. Cendales/Rahmel/Pruett, aaO., S. 1086; Gutmann/Wiese, aaO., S. 84 (86).
355 Gutmann/Wiese, aaO., S. 84 (86).
356 Vgl. Schuind/Van Holder/Abramowicz, Selection of candidates and waiting list, in: Lanzetta/Dubernard (Hrsg.), Hand Transplantation, S. 157 (163).

und naheliegend, die entsprechenden Organvorschriften des TPG auch auf komplexe Gewebe dem Sinn und Zweck nach anzuwenden. Das für den Umgang mit Organen im TPG enthaltene komplexe Regelungssystem ist im Grundsatz auch für die Transplantation von VCA angemessen.

Bei teleologischer Betrachtung ist im Ergebnis eine funktionale Einheit im Sinne des § 1a Nr. 1 TPG im Falle von VCA anzunehmen, um eine Anwendbarkeit der entsprechenden Organvorschriften zu ermöglichen und letztlich VCA einem grundsätzlich adäquaten Regelungsregime zu unterstellen.

(d) Historie

Zuletzt ist im Rahmen der historischen Auslegung auf die Entstehungsgeschichte des TPG und gegebenenfalls darauf einzugehen, was der Gesetzgeber bei Schaffung des Gesetzes beziehungsweise Aufnahme der Tatbestandsmerkmale der Organdefinition ins TPG beabsichtigt hat.

Insoweit könnte das medizinische Organverständnis bedeutend sein. Grundsätzlich ist dieses nicht unmittelbar entscheidend, um VCA rechtlich einzuordnen. Vielmehr kommt es maßgeblich darauf an, dass die im Gesetz enthaltenen Tatbestandsmerkmale vorliegen. Allerdings kann auf das medizinische Verständnis zurückgegriffen werden, wenn die Tatbestandsmerkmale konkretisiert und ausgestaltet werden sollen.

Es muss demnach zunächst das in der Organdefinition des § 1a Nr. 1 TPG enthaltene Tatbestandsmerkmal der funktionalen Einheit erfüllt sein. Bei der Frage, worum es sich bei dieser funktionalen Einheit genau handelt, ist auf das entsprechende medizinische Verständnis einer solchen Funktionseinheit abzustellen.

Es ist kein Anhaltspunkt dafür ersichtlich, dass der Gesetzgeber bei der Schaffung der Organdefinition ein anderes, eigenes, von der medizinischen Einordnung abweichendes Verständnis einer funktionalen Einheit zugrunde legte. Ganz im Gegenteil ist davon auszugehen, dass er sich bei dieser Formulierung einer funktionalen Einheit an die medizinische Organdefinition, die ebenfalls von einer Funktionseinheit spricht, angelehnt und dieses Merkmal übernommen hat.

Eine solche Übernahme medizinisch-wissenschaftlicher Begriffsbestimmungen in das Gesetz stellt dabei keine Ausnahme, sondern eine typische Vorgehensweise seitens des Gesetzgebers dar.

Dies zeigt sich zum Beispiel an den in § 2 Nr. 1 Transfusionsgesetz (TFG) sowie § 3 Nr. 2 Gentechnikgesetz (GenTG) enthaltenden Begriffsbestimmungen. Mit Blick auf die jeweiligen Gesetzesbegründungen wird deutlich, dass sich der Gesetzgeber auch bei der Schaffung dieser Definitionen an das wissenschaftliche Verständnis angelehnt hat.[357]

In medizinischer Hinsicht ist dabei kein Aspekt ersichtlich, der dafür spricht, im Hinblick auf eine funktionale Einheit zwischen soliden Organen und VCA derart zu unterscheiden, dass eine funktionale Einheit einmal zu bejahen und einmal zu verneinen wäre, denn nach dem medizinischen Verständnis sind Organe alle aus Geweben und Zellen bestehenden Funktionseinheiten.[358]

Eine solche Funktionseinheit liegt im medizinischen Sinne nicht nur bei soliden Organen vor, sondern kann auch bei scheinbar voneinander getrennten Strukturen bestehen.[359]

So stellt zum Beispiel das Riechorgan als Zusammensetzung voneinander getrennter Strukturen eine funktionale Einheit hinsichtlich des Riechens dar.[360] Gerade dieses Beispiel verdeutlicht, dass eine solche Einheit im medizinischen Sinne nicht nur bei soliden Organen bestehen kann, sondern deutlich weitergeht und grundsätzlich auch VCA erfasst. Ebenso wie das Riechorgan, das aus verschiedenen Elementen besteht, beim Riechen eine funktionale Einheit bildet, stellen etwa das Gesicht bezüglich der Mimik oder die Hand bezüglich des Greifens eine funktionale Einheit dar.[361]

---

357 Vgl. Begründung zum Gesetzesentwurf der Bundesregierung über ein Gesetz zur Regelung des Transfusionswesens, Bundesdrucksache 13/9594 vom 13.01.1998, S. 16, im Internet unter: http://dipbt.bundestag.de/doc/btd/13/095/1309594.pdf (letzter Abruf: 22.01.2018) sowie Begründung zum Gesetzesentwurf der Bundesregierung über ein Gesetz zur Regelung von Fragen zur Gentechnik, Bundesdrucksache 11/5622 vom 09.11.1989, S. 23, im Internet unter: http://dipbt.bundestag.de/doc/btd/11/056/1105622.pdf (letzter Abruf: 22.01.2018).
358 Siehe C. II. 1. dieser Arbeit.
359 Reuter, aaO., Stichwort „Organ", S. 1340; Pschyrembel, aaO., Stichwort „Organe", S. 1512.
360 Reuter, aaO., Stichwort „Organ", S. 1340.
361 Gutmann/Wiese, aaO., S. 84 (85).

Insofern erscheint es auch nicht entscheidend, dass die zum Greifen erforderlichen Muskeln der Hand bereits am Arm ansetzen. Dies stellt zwar einen Unterschied zu den noch autonomer handelnden soliden Organen dar, allerdings steht dieser Aspekt der Annahme einer funktionalen Einheit im soeben beschriebenen Sinne nicht entgegen.

Entscheidende Bedeutung kommt vielmehr dem Umstand zu, dass eine kategorische Grenze in der Weise, dass eine funktionale Einheit im Sinne des § 1a Nr. 1 TPG nur zu bejahen ist, sofern eine Einheit im Sinne von soliden Organen besteht, nicht anzunehmen ist.

Unterstellte man eine solche kategorische Grenze, wäre die funktionale Einheit bei VCA zu verneinen, da diese eine Einheit im Sinne von soliden Organen tatsächlich nicht aufweisen. Allerdings sind solche Erfordernisse nicht maßgeblich für die Frage, ob eine funktionale Einheit vorliegt.

Genau hier liegt der entscheidende Punkt:

Bei der Frage nach einer funktionalen Einheit kommt es nicht darauf an, ob VCA mit soliden Organen vergleichbar sind. Eine kategorische Grenze auf Ebene der soliden Organe besteht insoweit nicht.

Die Anforderungen an die funktionale Einheit richten sich vielmehr nach dem deutlich weiter gefassten medizinischen Verständnis, da unter Beachtung entsprechender historischer Erwägungen davon auszugehen ist, dass sich der Gesetzgeber bei Schaffung der rechtlichen Organdefinition im Rahmen des § 1a Nr. 1 TPG an den medizinischen Begriff der Funktionseinheit angelehnt hat.

Mithin erscheint auch unter Beachtung historischer Erwägungen die Annahme einer funktionalen Einheit im Sinne des § 1a Nr. 1 TPG auf VCA angemessen.

(e) Zwischenergebnis

Bei Auslegung des Tatbestandsmerkmals der funktionalen Einheit nach Wortlaut, Systematik, Telos und Historie ist im Ergebnis davon auszugehen, dass eine funktionale Einheit im Falle von VCA anzunehmen und damit die Organdefinition des § 1a Nr. 1 TPG auch auf komplexe Gewebe anzuwenden ist.

(4) Indizien

Dieses Ergebnis wird durch verschiedene Indizien zusätzlich gestützt. Insoweit sind das medizinische Organverständnis sowie die internationale rechtliche Behandlung von VCA in den Blick zu nehmen.

(a) Medizinische Fachliteratur

Wie bereits dargelegt[362] ist im Rahmen der rechtlichen Beurteilung von VCA das medizinische Verständnis kein entscheidender und zwingender Aspekt. Die medizinischen und rechtlichen Einordnungen von VCA können folglich differieren, sodass VCA durchaus medizinisch als Organe und gleichzeitig rechtlich als Gewebe eingestuft werden können.

Allerdings würde eine solche Ungleichbehandlung erhebliche Missverständnisse und sprachliche Barrieren mit sich bringen, die insbesondere im praktischen Bereich unnötig und hinderlich sein könnten. Eine Gleichbehandlung von VCA auf medizinischer und rechtlicher Ebene wäre infolgedessen vorzuziehen.

Da nach dem medizinischen Verständnis VCA weitaus überwiegend als Organe betrachtet werden,[363] lassen sich somit auch praktische Erwägungen als Indizien dafür anführen, VCA rechtlich als Organe einzuordnen.

(b) Rechtliche Behandlung von VCA in Frankreich und den USA

Auch international werden VCA rechtlich überwiegend den Organen zugeordnet. So sind in Frankreich bereits seit Jahren VCA gesetzlich den Organen ausdrücklich gleichgestellt.[364]

In den USA dagegen stellte sich bis vor Kurzem, ebenso wie in der Bundesrepublik Deutschland, die Frage, wie VCA rechtlich einzuordnen sind. Organe sind dort einzeln im US National Organ Transplant Act aufgezählt.[365] VCA wurden hierbei zunächst nicht berücksichtigt.

---

362 Siehe D. I. dieser Arbeit.
363 Siehe D. I. dieser Arbeit.
364 Vgl. Gott, aaO., S. 120; Siegmund-Schultze, Lücke bei Regelung zu Gewebekomplexen, aaO.
365 Vgl. US National Organ Transplant Act von 1984 – NOTA, sect. 374, im Internet unter: https://www.gpo.gov/fdsys/pkg/STATUTE-98/pdf/STATUTE-98-Pg2339.pdf (letzter Abruf: 22.01.2018).

Allerdings wurde der ebenfalls im US National Organ Transplant Act geregelte Organbegriff für das Verbot des Organhandels, der VCA zunächst ebenfalls nicht umfasste, bereits 2013 um komplexe Gewebe erweitert.[366] Diese Ergänzung des Organbegriffes kann bereits als Indiz dafür gewertet werden, dass VCA in den USA rechtlich den Organen gleichgestellt werden sollen.

Allerdings lässt allein dieser Umstand noch keinen Rückschluss auf die rechtliche Behandlung von VCA auf nationaler Ebene in der Bundesrepublik Deutschland zu.

Hinzu kommt jedoch, dass der amerikanische Gesetzgeber bei dieser Gelegenheit eine abstrakte Definition von VCA ins Gesetz aufgenommen hat.[367] Dabei knüpft er die VCA-Eigenschaft an neun verschiedene Tatbestandsmerkmale.

So müssen VCA vaskularisiert, minimal manipuliert und nicht kryokonserviert sein, aus verschiedenen Gewebearten bestehen und im allgemeinen Immunsuppression erfordern.[368] Außerdem erwähnt das Gesetz, dass eine „anatomical/structural unit"[369] bestehen muss, und knüpft die VCA-Eigenschaft damit teilweise an Merkmale, die denen der Organdefinition des TPG vermeintlich gleichen.

Es ließe sich einwenden, dass dem Begriff der „anatomical/structural unit"[370] nicht zwingend die gleiche Bedeutung beizumessen ist wie der funktionalen Einheit im Sinne des TPG. Dieser Einwand erscheint grundsätzlich nachvollziehbar. Dem Wortlaut nach muss eine anatomisch-strukturelle Einheit nicht identisch mit einer funktionalen Einheit sein.

---

366 „Human organ [...] means the Human (including fetal) kidney, liver, heart, lung, pancreas, bone marrow, cornea, eye, bone, skin, intestine [...] or any vaskularized composite allograft [...]", US National Organ Transplant Act von 1984 – NOTA, sect. 301 (in der Fassung vom 03.07.2013), im Internet unter: https://www.law.cornell.edu/cfr/text/42/121.13 (letzter Abruf: 22.01.2018).
367 Vgl. Federal Register/Vol. 78, No. 128/Wednesday, 03.07. 2013/Rules and Regulations, S. 40042, im Internet unter: https://www.gpo.gov/fdsys/pkg/FR-2013-07-03/pdf/2013-15731.pdf (letzter Abruf: 22.01.2018).
368 Federal Register, aaO.
369 Federal Register, aaO.
370 Im Folgenden wird der Begriff „anatomical/structural unit" durch „anatomisch-strukturelle Einheit" ersetzt.

Es ist durchaus vorstellbar, dass vergleichbare oder ähnliche Funktionen auch bei nicht völlig identischen anatomisch-strukturellen Einheiten ausgeübt werden können.[371]

Auf der anderen Seite ist es jedoch wenig überzeugend, eine funktionale Einheit zu verneinen, wenn man gleichzeitig eine anatomisch-strukturelle Einheit annimmt. Stimmen Anatomie und Struktur überein, ist mit hoher Wahrscheinlichkeit auch die Funktion identisch.

Geht man also von einer anatomisch-strukturellen Einheit bei komplexen Geweben aus, ist es konsequent, auch eine funktionale Einheit zu bejahen.

Die Annahme einer anatomisch-strukturellen Einheit bei VCA durch den amerikanischen Gesetzgeber lässt sich folglich als Indiz dafür werten, dass VCA zugleich auch eine funktionale Einheit im Sinne des § 1a Nr. 1 TPG aufweisen.

Die USA haben durch die Aufnahme der Definition im US National Organ Transplant Act verdeutlicht und gesetzlich verankert, dass VCA auch Organe im rechtlichen Sinne sind. Zwar hat die rechtliche Einordnung von VCA in den USA keinen unmittelbaren Einfluss auf die rechtliche Behandlung komplexer Gewebe in Deutschland. Ihr kann aber eine Indizwirkung zukommen.

bb) Zwischenergebnis

Auch im Hinblick auf die genannten Indizien ist im Ergebnis davon auszugehen, dass VCA eine funktionale Einheit aufweisen und somit nicht nur im medizinischen, sondern ebenso im rechtlichen Sinne Organe darstellen.

Die zuvor aufgeführten Lösungsansätze,[372] die allesamt voraussetzen, dass keine funktionale Einheit besteht, sind nicht anwendbar. Vielmehr sind im Grundsatz die Vorschriften des TPG über Organe angemessen und anzuwenden.

---

371 Als Beispiel mag dienen, dass beim Fehlen oder der Fehlbildung eines Körperteils, ein anderer Körperteil die vergleichbare oder ähnliche Funktion übernimmt.
372 Siehe D. II. 1. b) aa) (2) dieser Arbeit.

cc) *Sonderfall Bauchwandtransplantation*

Die Möglichkeit der Transplantation von Bauchwänden (Abdominal Wall Transplantation) ist ebenfalls der Neulandmedizin zuzuordnen. Diese wird zunehmend im Zusammenhang mit Darm- oder Multiviszeraltransplantationen[373] durchgeführt und kommt vor allem dann in Betracht, wenn herkömmliche Möglichkeiten des Bauchdeckenverschlusses nicht erfolgversprechend sind.[374]

Dies ist zum Beispiel bei erheblich beschädigten Bauchwänden, etwa nach mehrfach schweren Eingriffen, bei Wundinfektionen, Tumoren, enterokutanen Fisteln sowie bei wesentlichen Größenunterschieden der Organe von Spender und Empfänger der Fall.[375]

Zu unterscheiden ist dabei zwischen vaskularisierten und nicht-vaskularisierten Transplantaten. Nur vaskularisierte Bauchwände stellen VCA dar und stehen hier im Fokus der Betrachtung.[376] Im Laufe der letzten 20 Jahre wurden etwa 40 solcher Bauchwände weltweit transplantiert.[377] Die Eingriffe erfolgten an einigen wenigen Zentren, überwiegend in Miami und Oxford, wobei den Ärzten in Miami die Pionierrolle zukommt.[378]

Die Bauchwandtransplantation wird grundsätzlich in unmittelbarem zeitlichen Zusammenhang mit einer Darm- oder Multiviszeraltransplantation durchgeführt. Sofern sie von einem anderen Spender als dem des

---

373 Unter einer Multiviszeraltransplantationen wird die Transplantation von mehreren Organen verstanden. Überwiegend werden in diesen Fällen Leber, Magen, Pankreas, Duodenum und Dünndarm in einem transplantiert, vgl. Königsrainer/Spechtenhauser/Steurer et al., Multiviszeraltransplantation (MVT): Indikation, Technik und eigene Ergebnisse, TransplantLinc (2005) 11, S. 73.
374 Vgl. Light/Kundu/Djohan et al., Total abdominal wall transplantation: An anatomical study and classification system, Plastic and Reconstructive Surgery (2017) 139, S. 1466 (1469).
375 Levi/Tzakis/Kato et al., Transplantation of the abdominal wall, The Lancet (2003) 361, S. 2173.
376 Vgl. Giele/Vaidya/Reddy et al., aaO., S. 159.
377 Vgl. Giele/Vaidya/Reddy et al., aaO., S. 159 (163); Hinzu kamen knapp 20 Transplantationen nicht durchbluteter Bauchwände, auch insoweit Giele/Vaidya/Reddy et al., aaO., S. 159 (163).
378 Vgl. Avashia/Mackert/May et al., Abdominal wall transplantation, Current Transplantation Reports (2015) 2, S. 269 (273).

transplantierten Organs stammt, kann auch mit einer Zeitverzögerung transplantiert werden.[379]

Die bisherigen Bauchwandtransplantationen waren verbunden mit einem geringen Transplantatverlust. Es mussten lediglich zwei Bauchwandtransplantate wieder entnommen werden.[380] Auch Todesfälle als unmittelbare Folge transplantierter Bauchwände wurden nicht berichtet.[381]

Die Transplantation vaskularisierter Bauchwände unterscheidet sich in einigen Bereichen deutlich von anderen VCA-Transplantationen. So stellt sie sich nicht als ein völlig autonomer medizinischer Vorgang dar, sondern wird als zusätzlicher, mit der Transplantation solider Organe verbundener Eingriff durchgeführt und steht somit in untrennbarem Zusammenhang mit einer unmittelbar lebensrettenden Maßnahme.[382]

Ist die Bauchwandtransplantation für den erfolgreichen Abschluss der durchgeführten Organtransplantation erforderlich, ist dies für die Abwägung von Nutzen und Risiken relevant. Zum einen liegt eine lebensrettende Maßnahme vor, zum anderen unterliegen die Patienten aufgrund der vorausgegangenen Organtransplantation bereits einer immunsuppressiven Therapie.[383]

Die bei der Transplantation von VCA vorzunehmende Risikobewertung erweist sich, insbesondere auch unter Berücksichtigung ethischer Aspekte,[384]

---

379 In der überwiegenden Anzahl der Fälle stammt die Bauchwand allerdings vom gleichen Spender wie das jeweilige Organ und wird zeitlich unmittelbar nach dem Darm oder der Leber eingesetzt, vgl. Giele/Vaidya/Reddy et al., aaO., S. 159 (160).
380 Selvaggi/Levi/Kato et al., Expanded use of transplantation techniques: Abdominal wall transplantation and intestinal autotransplantation, Transplantation Proceedings (2004) 36, S. 1561.
381 Vgl. Giele/Vaidya/Reddy et al., aaO., S. 159 (163); Selvaggi/Levi/Cipriani et al., Abdominal wall transplantation: Surgical and immunologic aspects, Transplantation Proceedings (2009) 41, S. 521.
382 Vgl. Avashia/Mackert/May et al., aaO., S. 269.
383 Vgl. Avashia/Mackert/May et al., aaO., S. 269 (272); Bisherige Erkenntnisse weisen darauf hin, dass es keine vermehrte Abstoßung bei der kombinierten Organ- und Bauchwandtransplantation gegenüber Organtransplantationen gibt. Allerdings sind die immunologischen Auswirkungen der kombinierten Organ- und Bauchwandtransplantation immer noch Gegenstand von Untersuchungen, vgl. Giele/Vaidya/Reddy et al., aaO., S. 159 (164).
384 Siehe B. II. 1. e) aa) dieser Arbeit.

im Falle der Bauchwandtransplantation somit als grundsätzlich unterschiedlich.

Mit Blick auf die vaskularisierte Bauchwand und ihre Einordnung als VCA ist die Frage der rechtlichen Behandlung von VCA als Gewebe oder Organ bedeutsam.

Die Behandlung der Bauchwand als einfaches Gewebe würde grundsätzlich zu einem unangemessenen Ergebnis führen.

Während die Transplantation des Darms oder der Leber nach den Regelungen des TPG über Organe behandelt würde, wäre die mit dieser Transplantation unmittelbar verknüpfte Bauchwandtransplantation als Gewebe den Regelungen des AMG und damit etwaigen zeitintensiven Erlaubnis- und Zulassungsvorschriften unterworfen.[385]

In der Konsequenz könnte dies der Möglichkeit einer dem dringenden medizinischen Bedarf entsprechenden Bauchwandtransplantation entgegenstehen oder diese gänzlich verhindern.

Eine rechtliche Zuordnung von VCA zu den Organen ist im Ergebnis auch für den Umgang mit vaskularisierten Bauchwänden angemessen. Nur so werden solide Organe und die Bauchwand dem gleichen Regelungssystem unterworfen und damit einheitlich behandelt.

2. Ergebnis

Mithin stellt das TPG die Rechtsgrundlage und im Grundsatz ein angemessenes Regelungssystem für die Behandlung von VCA dar.

---

385 Zu prüfen wäre zum Beispiel eine Erlaubnispflicht gemäß § 20c AMG. Die von der Bundesregierung erfolgte Klarstellung, dass Gewebe, welches zwingend gemeinsam mit einem Organ entnommen wird und unmittelbar für eine anschließend noch im engen zeitlichen Ablauf stehende erfolgreiche Durchführung einer Transplantation erforderlich ist, nicht nach dem AMG zu behandeln ist (vgl. insoweit Lilie, Composite Tissue – Organe, Gewebe oder Aliud, aaO., S. 269), findet auf die Transplantation der Bauchwand bestenfalls eingeschränkt Anwendung, da die Bauchwand nicht zwingend gemeinsam mit dem Organ entnommen werden muss, sondern auch von einem anderen Spender stammen kann.

III. Konsequenzen

Auch wenn das TPG sich als grundsätzlich adäquate rechtliche Grundlage für den Umgang mit komplexen Geweben darstellt, ergeben sich eine Reihe klärungsbedürftiger Fragen. So ist es trotz einer Anwendbarkeit des TPG auf VCA nicht ausgeschlossen, dass einzelne Vorschriften des Gesetzes geändert werden müssten. Die zwischen soliden Organen und VCA bei allen Gemeinsamkeiten vorhandenen Unterschiede können eine differenzierte rechtliche Behandlung erfordern. Trotz der Anwendbarkeit der Organvorschriften auf VCA bestehen verschiedene Folgefragen, die einer näheren Betrachtung bedürfen.

So ist insbesondere darauf einzugehen, dass eine sachgerechte Aufklärung sowohl der breiten Bevölkerung über die Möglichkeit von VCA-Transplantationen im Sinne des § 2 TPG als auch des einzelnen Patienten vor einer konkreten Transplantation erforderlich ist.

Weiterhin sind die in den §§ 3 und 4 TPG enthaltenden Regelungen zur Einwilligung und Zustimmung zu erörtern. Dies gilt auch für die Beachtung der Würde des Menschen gemäß § 6 TPG. Schließlich ist auf das Tätigwerden der Koordinierungsstelle nach § 11 TPG sowie die Frage einer angemessenen Allokation von VCA, verbunden mit einer etwaigen Anwendbarkeit von § 12 TPG, einzugehen.

1. Erfordernis sachgerechter Aufklärung

Im Hinblick auf das Erfordernis einer sachgerechten Aufklärung ist zwischen der Aufklärung der breiten Bevölkerung über die Möglichkeit von VCA-Transplantationen und der Aufklärung des einzelnen Patienten vor einem etwaigen Eingriff zu differenzieren. Während § 2 TPG Vorgaben für die Aufklärung der Bevölkerung enthält, ist die Aufklärung des betroffenen Patienten im TPG nicht erwähnt.

a) Aufklärung der Bevölkerung, § 2 TPG

Nach § 2 Abs. 1 Nr. 1 TPG sollen die nach Landesrecht zuständigen Stellen, die Bundesbehörden im Rahmen ihrer Zuständigkeit, insbesondere die Bundeszentrale für gesundheitliche Aufklärung, sowie die Krankenkassen über die Möglichkeit der Organ- und Gewebespende aufklären. Gemäß

§ 2 Abs. 1 S. 2 TPG hat die Aufklärung dabei „die gesamte Tragweite der Entscheidung zu umfassen und muss ergebnisoffen sein".

§ 2 Abs. 1 S. 3 TPG verlangt überdies, dass die genannten Stellen „auch Ausweise für die Erklärung zur Organ- und Gewebespende (Organspendeausweis) zusammen mit geeigneten Aufklärungsunterlagen bereithalten und der Bevölkerung zur Verfügung stellen" sollen.

Diese Vorschriften gelten bei Zuordnung der VCA zu der Organdefinition des TPG grundsätzlich auch für komplexe Gewebe.

Es stellt sich jedoch die Frage, ob die Anwendung dieser Regelungen auf VCA bei genauerer Betrachtung angemessen und rechtlich erforderlich ist.

Zunächst ist davon auszugehen, dass die staatlich initiierte Aufklärung der breiten Bevölkerung über neue Möglichkeiten im Bereich der Transplantationsmedizin, die geeignet sind, Leben zu retten oder die Lebensqualität zu verbessern, nachvollziehbar und grundsätzlich geboten erscheint. Dies ist insbesondere erforderlich, um möglichst viele potentielle Spender zu erreichen.

Wie sich aus § 2 Abs. 1 S. 3 TPG ergibt, wären der Bevölkerung demnach geeignete Aufklärungsunterlagen hinsichtlich der VCA-Transplantation zur Verfügung zu stellen.

Diese Art der umfangreichen Aufklärung, häufig auch mit Kampagnencharakter, erscheint hier, anders als bei soliden Organen, zweifelhaft.

Insoweit ist zunächst auf die geringe Anzahl tatsächlich durchgeführter VCA-Transplantationen in Deutschland einzugehen. Es wurden bislang nur wenige solcher Transplantationen in spezialisierten Kliniken vorgenommen. Eine stark ansteigende Tendenz ist aktuell nicht ersichtlich, sodass auch von medizinischer Routine nicht gesprochen werden kann.

Eine aufwendige, umfassende Aufklärung der Bevölkerung über VCA-Transplantationen erscheint mit Blick auf den skizzierten Einzelfallcharakter dieser Eingriffe aus pragmatischer Sicht weder angemessen noch wirtschaftlich vertretbar. Es besteht zudem kein vergleichbarer Zeitdruck, wie im Falle der Transplantation solider Organe, hinsichtlich der Spendersuche, weil in der Regel keine kurzfristigen Auswirkungen auf die Gesundheit und das Leben des Empfängers zu erwarten sind.

Auch der Umstand, dass es eines vergleichbar großen Spenderpools aufgrund der geringen Anzahl durchgeführter Eingriffe, des geringeren Zeitdrucks bei der Spendersuche und des grundsätzlich nicht vorhandenen

Konsequenzen 113

lebensrettenden Charakters dieser Transplantationen nicht bedarf, spricht gegen das sachliche Erfordernis einer vergleichbar breiten Aufklärung.

Mit Blick auf die Gesetzesbegründung des TPG wird deutlich, dass eine umfassende, wiederholte und eingehende Aufklärung der Bevölkerung im Sinne dieses Gesetzes eine bewusste Entscheidung der Bürger über eine mögliche Organspende fördern und damit insbesondere die Chance einer Lebensrettung vergrößern soll.[386]

Damit könnte auch die Intention des Gesetzgebers eine Anwendung von § 2 Abs. 1 TPG auf nicht lebensrettende VCA infrage stellen.

Somit wäre eine Aufklärung gemäß § 2 Abs. 1 Nr. 1 TPG für die Transplantation von VCA nicht erforderlich.

Ein weiteres praktisches Argument gegen eine umfassende Aufklärung bei VCA ist die möglicherweise negative Wirkung auf potentielle Spender solider Organe. Die Vorstellung, etwa das Gesicht oder obere Extremitäten zu transplantieren, kann für Spender und deren Angehörige belastender sein als die Transplantation eines inneren, äußerlich nicht sichtbaren Organs. Es besteht die Gefahr, dass sich potentielle Spender solider Organe und deren Angehörige dann insgesamt gegen die Organspende entscheiden.

Dies ist auch vor dem Hintergrund bedeutsam, dass in Deutschland noch immer ein erheblicher Mangel an Spenderorganen besteht.[387]

Während die Zahl der Patienten, die in Deutschland auf ein Spenderorgan warten, im Zeitraum von 2012 bis 2017 von 11233[388] auf 10107[389]

---

386 Vgl. Begründung zum Gesetzesentwurf der Fraktionen der CDU/CSU, SPD und der FDP. über ein Gesetz zur Spende, Entnahme und Übertragung von Organen, Bundesdrucksache 13/4355 vom 16.04.1996, S. 16 f., im Internet unter: http://dip21.bundestag.de/dip21/btd/13/043/1304355.pdf (letzter Abruf: 16.01.2018).
387 Vgl. Berndt, Warum in Deutschland so viele Spenderorgane fehlen, Süddeutsche Zeitung vom 13.08.2017, im Internet unter: http://www.sueddeutsche.de/gesundheit/transplantationen-so-wenige-spenderorgane-wie-nie-1.3623494 (letzter Abruf: 01.02.2018).
388 Vgl. Eurotransplant, Statistics Report Library, Active waiting list in 2012, by country, by organ, im Internet unter: http://statistics.eurotransplant.org/index.php?search_type=waiting+list&search_region=by+country&search_period=2012 (letzter Abruf: 02.02.2018).
389 Vgl. Eurotransplant, Statistics Report Library, Active waiting list in 2017, by country, by organ, im Internet unter: http://statistics.eurotransplant.org/

und damit um lediglich 10% zurückgegangen ist, nimmt die Anzahl tatsächlich durchgeführter Organtransplantationen stärker ab. Wurden im Jahr 2012 in Deutschland noch 4042 solide Organe postmortal transplantiert,[390] waren es im Jahr 2017 nur noch 3059[391] und damit fast 25% weniger. Die Zahl der postmortalen Organspender ging in Deutschland im gleichen Zeitraum von 1024[392] auf 769[393] und damit ebenfalls um etwa 25% zurück.

Für diese Entwicklung wird eine Reihe von Gründen angeführt. Einer dieser Gründe ist, dass das Ansehen der Transplantationsmedizin in der deutschen Bevölkerung in den vergangenen Jahren nachgelassen hat.[394]

---

index.php?search_type=waiting+list&search_region=by+country&search_period=2017 (letzter Abruf: 02.02.2018).
390 Vgl. Eurotransplant, Statistics Report Library, Organs transplanted in 2012, by transplant country, by donor type, by organ, im Internet unter: http://statistics.eurotransplant.org/index.php?search_type=transplants&search_region=by+country&search_period=2012 (letzter Abruf: 02.02.2018).
391 Vgl. Eurotransplant, Statistics Report Library, Organs transplanted in 2017, by transplant country, by donor type, by organ, im Internet unter: http://statistics.eurotransplant.org/index.php?search_type=transplants&search_region=by+country&search_period=2017 (letzter Abruf: 02.02.2018).
392 Vgl. Eurotransplant, Statistics Report Library, Deceased donors used in 2012, by country, by single/multiple organs used, im Internet unter: http://statistics.eurotransplant.org/index.php?search_type=donors+deceased&search_region=by+country&search_period=2012 (letzter Abruf: 02.02.2018).
393 Vgl. Eurotransplant, Statistics Report Library, Deceased donors used in 2017, by country, by single/multiple organs used, im Internet unter: http://statistics.eurotransplant.org/index.php?search_type=donors+deceased&search_region=by+country&search_period=2017 (letzter Abruf: 02.02.2018); Deutschland erhält über Eurotransplant mehr Organe zur Transplantation als in Deutschland postmortal gespendet werden. Es profitiert somit von der Spendebereitschaft in anderen Eurotransplant angeschlossenen Ländern; vgl. o. V., Deutschland erhält mehr Organe, als es spendet, Der Tagesspiegel vom 12.01.2018, im Internet unter: http://www.tagesspiegel.de/weltspiegel/transplantationen-deutschland-erhaelt-mehr-organe-als-es-spendet/20840714.html (letzter Abruf: 02.02.2018).
394 Vgl. Forschungsbericht „Organspende" der BZgA vom Mai 2017, Wissen, Einstellung und Verhalten der Allgemeinbevölkerung zur Organ- und Gewebespende – Ergebnisse der Repräsentativbefragung 2016 und Trends seit 2012, S. 68, im Internet unter: https://www.organspende-info.de/sites/all/files/files/Forschungsbericht_Organspende_2016_final(2).pdf (letzter Abruf: 01.02.2018).

Dies verdeutlicht die 2016 durchgeführte Repräsentativbefragung „Wissen, Einstellung und Verhalten der Allgemeinbevölkerung zur Organ- und Gewebespende" der Bundeszentrale für gesundheitliche Aufklärung (BzgA).[395]

Unregelmäßigkeiten bei der Organvergabe in Deutschland, die im Jahre 2012 bekannt wurden und ein umfangreiches Presseecho zur Folge hatten,[396] haben zu dieser Meinungsänderung beigetragen.[397]

Bereits im Jahre 2011 wurden Vorwürfe gegen die Deutsche Stiftung Organtransplantation wegen vermeintlicher Fehler in der Geschäftsführung erhoben, die sich nachteilig auf das Ansehen des Organspendesystems in Deutschland auswirkten.[398] Ab dem Jahre 2012 wurden zusätzlich Wartelistenmanipulationen in einigen Transplantationszentren festgestellt, die zu erheblicher Verunsicherung in der Bevölkerung führten.[399]

So gaben in der erwähnten Repräsentativbefragung der BzgA 84% der Befragten an, von diesen Unregelmäßigkeiten Kenntnis erlangt zu haben.[400] Von diesen Befragten bestätigten 53%, hierdurch Vertrauen in das deutsche Organspendesystem verloren zu haben.[401]

---

395 Vgl. Forschungsbericht „Organspende" der BzgA vom Mai 2017, aaO.
396 Vgl. u. a. Siegmund-Schultze, Erschütterndes Maß an Manipulation, Deutsches Ärzteblatt vom 06.08.2012, im Internet unter: https://www.aerzteblatt.de/pdf.asp?id=128320 (letzter Abruf: 01.02.2018); Roth/Utler, Organspendeskandal in Göttingen – „Dafür ist kriminelle Energie nötig", Spiegel online vom 20.07.2012, im Internet unter: http://www.spiegel.de/panorama/gesellschaft/organspende-skandal-an-uniklinik-goettingen-arzt-soll-akten-gefaelscht-haben-a-845496.html (letzter Abruf: 01.02.2018); o. V., Göttinger Chirurg könnte auch in Regensburg manipuliert haben, Zeit online vom 02.08.2012, im Internet unter: http://www.zeit.de/wissen/gesundheit/2012-08/organspende-transplantation-regensburg (letzter Abruf: 01.02.2018).
397 Vgl. Nashan/Hugo/Strassburg et al., Transplantation in Germany, Transplantation (2017) 101, S. 213 ff.; Nashan/Hugo/Strassburg et al., The authors' reply, Transplantation (2018) 102, S. e83 f.; Haverich/Haller, Organtransplantation in Deutschland, Der Internist (2016) 57, S. 7 (8).
398 Vgl. Nashan/Hugo/Strassburg et al., Transplantation in Germany, aaO., S. 213 (214).
399 Vgl. Nashan/Hugo/Strassburg et al., Transplantation in Germany, aaO., S. 213 (214).
400 Forschungsbericht „Organspende" der BzgA vom Mai 2017, aaO., S. 67.
401 Forschungsbericht „Organspende" der BzgA vom Mai 2017, aaO., S. 68.

Es liegt zunächst die Vermutung nahe, dass der Vertrauensverlust ursächlich für die in den vergangenen Jahren rückläufigen Organtransplantationen in Deutschland ist.[402]

Diese Vermutung wird durch die Repräsentativbefragung der BZgA jedoch nicht gestützt. Vielmehr scheint nach dieser Untersuchung die Bereitschaft in der deutschen Bevölkerung, Organe zu spenden, nicht signifikant zurückgegangen zu sein.[403] Der Anteil der aktiven Akzeptanz der Organspende[404] liegt demnach zwischen 2012 und 2016 gleichbleibend bei etwa 70%.[405]

Die rückläufigen Transplantationen in Deutschland sind deshalb eher auf andere Faktoren zurückzuführen. Als ein wichtiger Grund hierfür wird diskutiert, dass Krankenhäuser ihrer Mitteilungspflicht gemäß § 9a Abs. 1 TPG zum Teil nicht oder nicht in ausreichendem Maße nachkommen.[406]

Dabei werden ein Vertrauensverlust bei den für den Erfolg des Organspendesystems entscheidenden Peergruppen wie Intensivmedizinern, ebenso wie die unzureichende Ausbildung und Information dieser Gruppen,[407] die nicht zufriedenstellende Erstattung von Aufwendungen sowie organisatorische Probleme, aber auch Gleichgültigkeit erwähnt.[408]

Mit einer Vielzahl von Maßnahmen soll den bestehenden Mängeln begegnet werden. Hierzu gehören die Erhöhung der Systemtransparenz,

---

402 Vgl. o. V., Weniger als 800 Organspender im vergangenen Jahr, Frankfurter Allgemeine Zeitung vom 13.01.2018, im Internet unter: http://www.faz.net/aktuell/gesellschaft/gesundheit/dramatischer-rueckgang-weniger-als-800-organspender-2017-15397081.html (letzter Abruf: 01.02.2018).
403 Vgl. Forschungsbericht „Organspende" der BZgA vom Mai 2017, aaO., S. 63.
404 Der Begriff der aktiven Akzeptanz bezeichnet das grundsätzliche Einverständnis, postmortal Organe oder Gewebe zu spenden. Vgl. Forschungsbericht „Organspende" der BZgA vom Mai 2017, aaO., S. 63.
405 Forschungsbericht „Organspende" der BZgA vom Mai 2017, aaO., S. 114.
406 Vgl. Von Leszczynski, Die Zahl der Organspenden sinkt dramatisch, aaO.; Mayer/Reuter, Die Organspende-Lüge, aaO.; Von Leszczynski/Réthy, Warum in Deutschland weniger Organe gespendet werden, aaO.
407 Vgl. Nashan/Hugo/Strassburg et al., Transplantation in Germany, aaO., S. 213 (214).
408 Vgl. Mayer/Reuter, Die Organspende-Lüge, aaO.

Qualitätskontrollen und Prozessverbesserungen sowie Ausbildungs- und Informationsprogramme.[409]

Ein generelles Problem der Aufklärung bei soliden Organen und VCA ist darin begründet, dass die Befassung mit dem eigenen Tod oder dem Tod von Angehörigen und die Frage, wie mit dem eigenen Leichnam oder dem von Angehörigen umzugehen ist, sehr sensible Themen darstellen, mit denen man sich nicht gerne befasst.

Die hier angeführten Einwände können jedoch nicht dazu führen, die Aufklärung der Bevölkerung über die Möglichkeit der Transplantation von VCA gänzlich zu unterlassen oder zu vernachlässigen.

Dies würde auch dem Recht des potentiellen Spenders auf eine informierte Entscheidung über die postmortale Verwendung seiner komplexen Gewebe nicht gerecht werden.

Es ist aber nicht anzunehmen, dass die zur Gewährleistung, Erhaltung und Schaffung eines möglichst großen Spenderpools für die lebensrettenden Transplantationen solider Organe notwendige umfassende Aufklärung der Bevölkerung auch bei neuartigen Operationsmöglichkeiten, wie den Transplantationen von Händen oder Gesichtern, in vergleichbarem Umfang erforderlich ist.

Das TPG wird dieser Situation jedoch gerecht, indem es in § 2 Abs. 1 S. 3 vorschreibt, geeignete Aufklärungsunterlagen zur Verfügung zu stellen.

Die Verwendung des auslegungsfähigen unbestimmten Rechtsbegriffs „geeignet" lässt dabei einen deutlichen Spielraum zu. Damit verlangt das Gesetz gerade nicht, dass eine vergleichbar umfassende Aufklärung wie bei soliden Organen zu erfolgen hat.

Vielmehr ermöglicht es, die Aufklärung über VCA-Transplantationen dem tatsächlichen Versorgungsbedarf mit komplexen Geweben anzupassen und flexibel zu agieren.

Im Ergebnis erweist sich die Regelung des § 2 Abs. 1 TPG auch für VCA als anwendbar.

---

409 Vgl. Nashan/Hugo/Strassburg et al., Transplantation in Germany, aaO., S. 213 (214 ff.); Nashan, Situation der Organspende in Deutschland und was jetzt geschehen muss!, Vortrag anlässlich des DSO-Jahreskongresses vom 09.11.2017.

b) Aufklärung des Patienten

Jeder ärztliche Eingriff, sowohl die standardisierte Behandlung als auch der Heilversuch, erfordert aufgrund des Selbstbestimmungsrechts des Patienten eine wirksame Einwilligung gemäß § 630 d BGB iVm. § 630 e BGB.[410]

Die Einwilligung ist jedoch nur dann wirksam, wenn der Patient zuvor ausreichend aufgeklärt wurde.[411] Dabei muss die Aufklärung gemäß § 630 e Abs. 2 S. 1 BGB unter anderem mündlich, rechtzeitig und in einer für den Patienten verständlichen Weise erfolgen.

Nur so ist der Patient in der Lage, weitere vertiefende Fragen zu stellen und eine den Anforderungen des Selbstbestimmungsrechts entsprechende Einwilligung zu erteilen.[412]

Die Einwilligung gilt als unwirksam, wenn Aufklärungsfehler vorliegen oder der Arzt den Patienten täuscht, indem er ihm zum Beispiel größere berufliche Erfahrung vorspiegelt, als er tatsächlich hat, oder einen Erfolg in Aussicht stellt, der objektiv nicht zu erwarten ist.[413]

Nach der vom BGH entwickelten Rechtsprechung muss der Behandelnde oder eine Person, die über die zur Durchführung der Maßnahme erforderliche Ausbildung verfügt, den Patienten insbesondere über den Verlauf des Eingriffs, die Risiken, die Erfolgsaussichten, Alternativtherapien sowie Chancen und Gefahren „im Großen und Ganzen" aufklären.[414]

Demzufolge ist zwar die exakte medizinische Beschreibung der möglichen Risiken nicht erforderlich, allerdings muss es dem Patienten ermöglicht werden, eine generelle Vorstellung vom Ausmaß der mit der Behandlung einhergehenden Gefahren zu erhalten.[415]

---

410 Gott, aaO., S. 184; Müller, Die Aufklärung des Organspendeempfängers über Herkunft und Qualität des zu transplantierenden Organs, S. 8 f.
411 § 630 d Abs. 2 BGB.
412 BGH, Urteil vom 14.03.2006 – VI ZR 279/04, NJW 2006, S. 2108 ff.
413 Vgl. BGH, Urteil vom 20.01.2004 – 1 StR 319/03, NStZ 2004, S. 442; Knauer/Brose, in: Spickhoff (Hrsg.), Medizinrecht, § 223, Rn. 82.
414 BGH, Urteil vom 14.03.2006 – VI ZR 279/04, NJW 2006, S. 2108.
415 BGH, Urteil vom 14.03.2006 – VI ZR 279/04, NJW 2006, S. 2108 (2109); BGH, Urteil vom 07.02.1984 – VI ZR 174/82, NJW 1984, S. 1397; BGH, Urteil vom 07.04.1992 – VI ZR 191/92, NJW 1992, S. 2351 ff.

So muss der Patient auch über seltene Risiken, die im Falle ihres Eintretens das Leben erheblich beeinträchtigen und „trotz ihrer Seltenheit für den Eingriff spezifisch, für den Laien aber überraschend sind"[416], aufgeklärt werden.[417]

Über die genannten Aufklärungspflichten hinaus treffen den Behandelnden gemäß § 630 c Abs. 2 BGB auch Informationspflichten. Dem Patienten müssen zum Beispiel die Diagnose und die nach der Behandlung zu beachtenden Maßnahmen in verständlicher Weise erläutert werden.

Ein Heilversuch stellt im Vergleich zu einer Standardbehandlung höhere Anforderungen an die Aufklärung.[418] Dem Patienten muss verdeutlicht werden, dass sich der Eingriff noch in einem Neulandstadium befindet und die bestehenden Risiken noch nicht umfassend erforscht sind.[419]

Es ist davon auszugehen, dass der medizinische Entwicklungs- und Erkenntnisstand der Behandlung entscheidend für die Aufklärungsintensität ist: Je neuer und unerforschter der Heilversuch, desto detaillierter muss die Aufklärung des Patienten erfolgen.[420] Nur so kann der Patient in die Lage versetzt werden, selbstständig und umfassend Risiken und Nutzen abzuwägen und eine informierte Entscheidung zu treffen.

Im Grundsatz kann also eine Aufklärung samt anschließender wirksamer Einwilligung des Patienten nicht nur eine Standardbehandlung, sondern auch einen Heilversuch legitimieren.

Dagegen können wissenschaftlich und ethisch unvertretbare Heilversuche, wie die menschenverachtenden Versuche der Ärzte in Konzentrationslagern zur Zeit des Nationalsozialismus,[421] auch durch eine vorhandene Aufklärung nicht gerechtfertigt werden.[422]

---

416 BGH, Urteil vom 14.03.2006 – VI ZR 279/04, NJW 2006, S. 2108 (2109); BGH, Urteil vom 07.02.1984 – VI ZR 188/82, NJW 1984, S. 1395 f.
417 BGH, Urteil vom 14.03.2006 – VI ZR 279/04, NJW 2006, S. 2108 (2109).
418 Knauer/Brose, aaO., § 223, Rn. 40.
419 Gott, aaO., S. 184.
420 BGH, Urteil vom 10.06.2006 – VI ZR 323/04, NJW 2006, S. 2477 (2478 f.).
421 Insoweit sind zum Beispiel künstlich herbeigeführte Infizierungen von Menschen mit gefährlichen Krankheitsviren oder Versuche zu der Frage, wie weit man Menschen unterkühlen kann, zu nennen; vgl. Fischer, Medizinische Versuche am Menschen, aaO., S. 10.
422 Gott, aaO., S. 184; Beecher, Ethics and clinical research, New England Journal of Medicine (1966) 274, S. 1354 (1355 ff.); Beecher erwähnt dabei eine

Da es sich bei den hier betrachteten Transplantationen komplexer Gewebe zwar um schwerwiegende, aber wissenschaftlich und ethisch vertretbare Heilversuche handelt, ist eine wirksame Einwilligung nach zuvor erfolgter umfassender Aufklärung möglich.

Von entscheidender Bedeutung für den Behandlungserfolg von VCA-Transplantationen ist die Weiterbehandlung nach dem Eingriff einschließlich bestimmter Verhaltenspflichten des Patienten.[423] So bedarf es insbesondere einer dauerhaften Immunsuppression und der Einhaltung von Hygiene- und Ernährungsregeln, die adhärentes Verhalten erfordern.[424]

Vor diesem Hintergrund kommt der sogenannten Sicherungsaufklärung erhebliches Gewicht zu.[425] Diese stellt neben anderen Aufklärungsarten, wie der Eingriffs- und Risikoaufklärung, der Diagnoseaufklärung, der Verlaufsaufklärung, der Alternativaufklärung sowie der wirtschaftlichen Aufklärung, eine spezielle Form der Aufklärung dar.[426] Sie umfasst sämtliche ärztliche Hinweise, Empfehlungen und Anweisungen an den Patienten in Bezug auf die für den Heilungserfolg erforderliche Mitwirkung und soll den Patienten damit vor Folgerisiken, vor allem durch sein eigenes Verhalten, schützen.[427] Zum Beispiel sind Patienten, die unmittelbar nach einem Eingriff am Straßenverkehr teilnehmen wollen, darüber zu informieren, dass sie möglicherweise durch eine noch fortwirkende lokale Anästhesie nicht fahrtauglich sind.[428]

Anzumerken ist, dass es sich bei dieser Art der Aufklärung um keine „echte" Aufklärungspflicht im Sinne des § 630 e Abs. 1 BGB, sondern

---

Vielzahl derartiger nicht vertretbarer und ethisch fragwürdiger Heilversuche in der Medizingeschichte.
423 Gott, aaO., S. 185.
424 Vgl. Knobloch/Rennekampff/Meyer-Marcotty et al., Organtransplantation, Gewebetransplantation und plastische Chirurgie, Der Chirurg (2009) 80, S. 519 (522).
425 Vgl. Greiner, in: Spickhoff (Hrsg.), Medizinrecht, § 823 ff., Rn. 206; Kaiser, in: Ratzel/Luxenburger (Hrsg.), Handbuch Medizinrecht, § 12, Rn. 240 ff.; Kern/Laufs, Die ärztliche Aufklärungspflicht, S. 58 ff.; Deutsch/Spickhoff, Medizinrecht, S. 180.
426 Vgl. Deutsch/Spickhoff, aaO., S. 175.
427 Vgl. Kaiser, aaO., § 12, Rn. 240 f.; Deutsch/Spickhoff, aaO., S. 180.
428 Deutsch/Spickhoff, aaO., S. 180.

vielmehr um eine Informationspflicht gemäß § 630 c Abs. 2 BGB handelt.[429]

Das TPG macht keine Aussagen bezüglich der erforderlichen Aufklärung des Patienten und den besonders hohen Anforderungen an die Aufklärung im Bereich von medizinischen Heilversuchen. Es stellt sich damit die Frage nach einem insoweit bestehenden Regelungsbedarf im TPG.

Es ließe sich annehmen, dass aufgrund der besonderen Bedeutung der individuellen Aufklärung für die Wirksamkeit der Einwilligung des Patienten eine gesetzliche Normierung im TPG angemessen und erforderlich ist.

Allerdings ist davon auszugehen, dass sich das Erfordernis einer im Einzelfall angemessenen Aufklärung bereits aus allgemeinen Grundsätzen ergibt und eine gesonderte spezialgesetzliche Regelung damit entbehrlich ist.[430]

Zur Wahrung des Selbstbestimmungsrechts des Patienten und seines Rechts auf körperliche Unversehrtheit bedarf es, bei Standardbehandlungen wie auch bei Heilversuchen, zwingend einer Einwilligung, die nur dann wirksam erteilt werden kann, wenn der Patient zuvor im Einzelfall angemessen aufgeklärt worden ist.[431]

Damit ergibt sich bereits aus diesen Grundsätzen, dass eine fehlerhafte individuelle Aufklärung zu einer unwirksamen Einwilligung und damit letztlich zu einem nicht gerechtfertigten Eingriff führt. Eine spezielle Regelung im TPG wäre folglich nur deklaratorischer Natur, sodass ein Regelungsbedarf nicht besteht.

2. Einwilligung und Zustimmung, §§ 3, 4 TPG

Gemäß § 3 Abs. 1 Nr. 1 TPG ist Voraussetzung für die Entnahme von Organen oder Geweben die Einwilligung des Organ- oder Gewebespenders in die Entnahme. Liegt dem behandelnden Arzt eine schriftliche Einwilligung oder ein schriftlicher Widerspruch des potentiellen Spenders nicht vor, ist

---

429 Gott, aaO., S. 185.
430 Vgl. BGH, Urteil vom 14.03.2006 – VI ZR 279/04, NJW 2006, S. 2108 (2109).
431 Vgl. BGH, Urteil vom 14.03.2006 – VI ZR 279/04, NJW 2006, S. 2108; BGH, Urteil vom 09.12.1958 – VI ZR 203/57, NJW 1959, S. 811 ff.

der nächste Angehörige gemäß § 4 Abs. 1 S. 1 TPG zu befragen, ob ihm eine entsprechende Erklärung bekannt ist.

Ist dies nicht der Fall, so ist die Entnahme gemäß § 4 Abs. 1 S. 2 TPG „nur zulässig, wenn ein Arzt den nächsten Angehörigen über eine in Frage kommende Organ- oder Gewebeentnahme unterrichtet und dieser ihr zugestimmt hat".

Sofern man VCA rechtlich den Organen zuordnet, umfasst eine generelle, uneingeschränkte Einwilligung in die Entnahme von Organen, wie sie auf dem Organspendeausweis angekreuzt werden kann, auf den ersten Blick auch eine Einwilligung in die Entnahme von komplexen Geweben.

Bedeutet aber eine uneingeschränkte Einwilligung in die Organentnahme stets auch die Einwilligung in die Entnahme von VCA, so ist dies kritisch zu hinterfragen. Gerade bei der Neulandmedizin müssen besonders hohe Anforderungen an die Transparenz des Einwilligungsprozesses gestellt werden. Diese neuartige Medizin ist potentiellen Spendern und ihren Angehörigen meist nicht hinreichend vertraut und trifft daher eher auf Bedenken, als dies bei den weitgehend bekannten Transplantationen solider Organe der Fall ist.

Eine hohe Transparenz ist auch geboten, weil sie geeignet ist, Vertrauen in das Transplantationssystem zu schaffen und einem weiteren Vertrauensverlust vorzubeugen.[432]

Die Einwilligung ist eine auf die Setzung von Rechtsfolgen gerichtete Willenserklärung, die gemäß §§ 133, 157 BGB auslegungsfähig und auslegungsbedürftig ist.[433] Willigt der potentielle Spender in eine Organentnahme ein, ist der Begriff „Organ" auszulegen.[434]

Unabhängig von der rechtlichen Einordnung der VCA als Organe muss zum gegenwärtigen Zeitpunkt angenommen werden, dass vielen potentiellen Spendern bei Abgabe einer uneingeschränkten Einwilligung nicht bewusst ist, dass sie damit auch die Einwilligung zur Transplantation ihres Gesichts und der äußeren Extremitäten gegeben haben. Dies dürfte nur

---

432 Vgl. Forschungsbericht „Organspende" der BZgA vom Mai 2017, aaO., S. 68.
433 Vgl. Engels, in: Höfling (Hrsg.), Transplantationsgesetz, § 2, Rn. 25.
434 Gutmann/Wiese, aaO., S. 84 (89).

den Erwartungen der potentiellen Spender entsprechen, die sich vor ihrer Einwilligung umfassend informiert haben. Es kann aber nicht davon ausgegangen werden, dass dies bei Verfahren der Neulandmedizin auf die breite Bevölkerung zutrifft.[435]

Dies hat zur Folge, dass auch die uneingeschränkte Einwilligung, zum Beispiel auf dem Organspendeausweis, in vielen Fällen keine Einwilligung in eine VCA-Transplantation darstellt, es sei denn, die Einwilligungserklärung bezieht sich ausdrücklich auf VCA.

Diese Erwägungen führen dazu, dass in den überwiegenden Fällen fehlender ausdrücklicher Einwilligungserklärungen hinsichtlich VCA-Transplantationen diese Eingriffe gemäß § 4 Abs. 1 S. 2 TPG nur mit ausdrücklicher Zustimmung der nächsten Angehörigen möglich sind.

So wurde auch beim einzigen in Deutschland dokumentierten Fall einer beidseitigen Armtransplantation im Jahre 2008 die Zustimmung der Angehörigen des Spenders eingeholt.[436]

Vor dem Hintergrund der für die nächsten Angehörigen mit einer VCA-Transplantation meist verbundenen Konsequenzen, wie einer erheblichen Entstellung des Leichnams, ist es auch aus Pietätsgründen angemessen, die Zustimmung der Angehörigen einzuholen, wenn eine ausdrückliche Einwilligung des Spenders nicht vorliegt.

Teilweise wird vertreten, dass im Falle der Gesichtstransplantation sowohl eine ausdrückliche Einwilligung des potentiellen Spenders zu Lebzeiten als auch ein fehlender Widerspruch durch die nächsten Angehörigen kumulativ erforderlich sind.[437]

Dann aber könnten die nächsten Angehörigen trotz ausdrücklich geäußertem Willen des potentiellen Spenders eine Transplantation aus Pietätsgründen verhindern.

Dies ist aus mehreren Gründen nicht überzeugend: Insbesondere würde auf diese Weise das sich aus Art. 1 Abs. 1 GG ergebende postmortale

---

435 Vgl. Gutmann/Wiese, aaO., S. 84 (89).
436 Vgl. Mayr, Transplantation von zwei Armen – Ein Mann umarmt die Welt, Süddeutsche Zeitung vom 17.05.2010, im Internet unter: http://www.sueddeutsche.de/bayern/transplantation-von-zwei-armen-ein-mann-umarmt-die-welt-1.170135 (letzter Abruf: 02.02.2018).
437 Vgl. Schroth, in: Schroth/König/Gutmann/Oduncu (Hrsg.), TPG, § 6, Rn. 3.

Persönlichkeitsrecht des Spenders hinter die Pietätsinteressen der Angehörigen zurückfallen.

Es ist aber nicht vertretbar, dass die Pietätsinteressen der Angehörigen höher bewertet werden als das aus der Verfassung abgeleitete Grundrecht des Verstorbenen.

Außerdem enthält die einschlägige Vorschrift des § 3 TPG kein vergleichbares Widerspruchsrecht der nächsten Angehörigen für den Fall einer ausdrücklich erteilten Einwilligung des Spenders.[438]

Gemäß § 3 Abs. 3 TPG sind die nächsten Angehörigen des Organ- oder Gewebespenders im Falle einer zuvor erteilten Einwilligung lediglich über die Organ- oder Gewebeentnahme zu unterrichten.

Zudem gilt § 4 Abs. 1 TPG, der die Zustimmung der nächsten Angehörigen vorsieht, ausdrücklich nur für den Fall der fehlenden Einwilligung des Spenders.

Es ist somit angemessen, in den Fällen einer meist fehlenden ausdrücklichen Einwilligung des potentiellen Spenders in die Transplantation von VCA auf die nächsten Angehörigen und deren Zustimmung abzustellen. Dabei haben diese sich an den mutmaßlichen Willen des Verstorbenen zu halten, wobei mit Blick auf die dargelegten Umstände nachvollziehbar und plausibel ist, auch Pietätsgründe einzubeziehen.

Die ausdrückliche Aufnahme einer gesonderten Position zur VCA-Entnahme im Organspendeausweis könnte den Prozess der Einwilligung transparenter gestalten. Damit würde verdeutlicht, dass potentielle Spender selbst bei einer Einwilligung in die Organentnahme nicht zugleich in die Entnahme von Gesicht, Bauchwand und äußeren Extremitäten einwilligen. Der explizite Hinweis auf die VCA-Transplantation würde zudem möglicherweise bewirken, dass sich potentielle Spender mit dieser Art der Transplantation stärker befassen und sich in die Lage versetzen, eine informierte Entscheidung zu treffen.

In Anbetracht der noch geringen Zahl der in Deutschland durchgeführten VCA-Transplantationen ist dieses Vorgehen aber zurzeit eher zu weitgehend. Es ist jedoch dann zu erwägen, wenn sich die Zahl der VCA-Transplantationen in Zukunft deutlich ausweiten sollte.

---

438 Gott, aaO., S. 159.

Im Ergebnis ist festzustellen, dass §§ 3, 4 TPG auf die Transplantationen von VCA Anwendung finden.

3. Achtung der Würde des Menschen, § 6 TPG

Nach § 6 Abs. 1 TPG müssen die Organ- oder Gewebeentnahmen bei verstorbenen Personen und alle damit verbundenen Maßnahmen unter Achtung der Würde des Spenders in einer Art und Weise durchgeführt werden, die der ärztlichen Sorgfaltspflicht entspricht.

§ 6 Abs. 2 S. 1 TPG verlangt darüber hinaus, dass der Leichnam des Spenders in würdigem Zustand zur Bestattung übergeben werden muss.

Im Hinblick auf VCA-Transplantationen erscheint fraglich, ob diesen Anforderungen entsprochen werden kann.

Insbesondere können Zweifel aufkommen, ob sich der Leichnam nach Entnahme des komplexen Gewebes noch in einem würdigen Zustand im Sinne des § 6 Abs. 2 S. 1 TPG befindet.

Die Entnahme eines Armes, einer Hand oder eines Gesichts hat erhebliche ästhetische Auswirkungen. Insbesondere die Entnahme des Gesichts bedeutet eine wesentliche Entstellung des Körpers des Spenders, die über die visuelle Beeinträchtigung bei der Entnahme solider Organe deutlich hinausgeht.

Würde der Leichnam in dem nach der Entnahme bestehenden Zustand ohne jede Form einer etwaigen Rekonstruktion belassen werden, wären die Anforderungen des § 6 Abs. 2 S. 1 TPG nicht erfüllt, denn fehlt dem Leichnam etwa das Gesicht, kann von einem würdigen Zustand nicht gesprochen werden.

Es stellt sich folglich die Frage, ob eine den Anforderungen des § 6 Abs. 2 S. 1 TPG gerecht werdende Wiederherstellung oder Aufbereitung des Leichnams nach dem aktuellen wissenschaftlichen Stand möglich ist.

Insoweit ist mit Blick auf den medizinischen Fortschritt zu beachten, dass die plastische Chirurgie heute in der Lage ist, eine weitgehende Wiederherstellung des visuellen Erscheinungsbildes des Leichnams zu gewährleisten.[439] So stellte zum Beispiel ein Chirurgenteam in Belgien das visuelle

---

439 Vgl. Bueno/Barret/Serracanta et al., aaO., S. 1091 (1092 ff.).

Erscheinungsbild bei einem Leichnam, dem zuvor das Gesicht entnommen wurde, mithilfe vor der Entnahme gemachter Abdrücke des Originalgesichts wieder her.[440]

Unter Berücksichtigung derartiger Wiederherstellungsmöglichkeiten ist davon auszugehen, dass der Leichnam auch nach vorgenommenen VCA-Transplantationen in einem würdigen Zustand zur Bestattung übergeben werden kann und somit den Anforderungen des § 6 Abs. 2 S. 1 TPG genüge getan wird.

Überdies muss auch den Anforderungen des § 6 Abs. 2 S. 2 TPG entsprochen werden. Danach ist dem nächsten Angehörigen „zuvor" Gelegenheit zu geben, den Leichnam zu sehen. Die Formulierung „zuvor" bezieht sich auf den in Art. 6 Abs. 2 S. 1 TPG genannten Zeitraum „vor der Bestattung". Nähere zeitliche Konkretisierungen enthält das Gesetz aber nicht.

Es stellt sich die Frage, ob dieser vom Gesetzgeber vorgegebene Zeitraum eng zu verstehen ist und sich lediglich auf die Zeit unmittelbar vor der Übergabe zur Bestattung bezieht oder vielmehr einen weiten Spielraum zulässt und sogar den Zeitraum vor der Transplantatentnahme umfasst. Dies ist durch Auslegung zu ermitteln.

Der Wortlaut der Vorschrift enthält keine zeitlich engen Vorgaben. Es wird lediglich deutlich, dass dem Angehörigen vor der Übergabe zur Bestattung Gelegenheit zu geben ist, den Leichnam zu sehen. Diese Formulierung muss aber nicht in dem Sinne verstanden werden, dass dem Angehörigen der Leichnam unmittelbar vor der Übergabe zur Bestattung zu zeigen ist. Nach dem bloßen Wortlaut ist es auch möglich, dem Angehörigen lediglich vor der Entnahme des Transplantats die Möglichkeit zu geben, den Leichnam zu sehen.

Dem steht die Begründung zum Gesetzesentwurf des Transplantationsgesetzes aus dem Jahre 1996[441] entgegen. Im Hinblick auf Art. 6 Abs. 2 S. 1 TPG ist der Gesetzesbegründung zu entnehmen, dass es zur Achtung der

---

440 Vgl. Roche/Vermeersch/Stillaert et al., Complex facial reconstruction by vascularized composite allotransplantation: The first Belgian case, Journal of Plastic, Reconstructive and Aesthetic Surgery (2015) 68, S. 362 (366).
441 Begründung zum Gesetzesentwurf der Fraktionen der CDU/CSU, SPD und der F.D.P. über ein Gesetz zur Spende, Entnahme und Übertragung von Organen, Bundesdrucksache 13/4355 vom 16.04.1996, aaO.

Würde des Organspenders gehört, dass der Leichnam vom Krankenhaus in einem würdigen Zustand zur Bestattung übergeben wird.[442]
Von entscheidender Bedeutung ist die Anmerkung, dass Art. 6 Abs. 2 S. 2 TPG dem Zweck dient, „dem nächsten Angehörigen Gelegenheit zu geben, sich davon noch im Krankenhaus zu überzeugen".[443]
Es wird mithin deutlich, dass dem Angehörigen nicht nur Gelegenheit zu geben ist, den Leichnam vor der Übergabe zur Bestattung zu sehen. Vielmehr muss ihm die Möglichkeit eingeräumt werden, sich davon zu überzeugen, dass sich der Leichnam bei Übergabe zur Bestattung in einem würdigen Zustand befindet.
Dann aber reicht es nach dem Willen des Gesetzgebers nicht aus, dem Angehörigen lediglich vor der Entnahme des Transplantats die Gelegenheit zu geben, den Leichnam zu sehen. Er muss sich davon überzeugen können, dass sich der Leichnam auch nach diesem Eingriff bei der Übergabe zur Bestattung in einem würdigen Zustand befindet.
Folglich ist – nach historischer Auslegung – davon auszugehen, dass die Formulierung des Gesetzgebers in Art. 6 Abs. 2 S. 2 TPG enger zu verstehen ist, als es der Wortlaut auf den ersten Blick vermuten lässt. Dem Angehörigen muss es nach der Entnahme möglich sein, den Leichnam zu sehen. Er muss sich davon überzeugen können, dass dieser in würdigem Zustand zur Bestattung übergeben wird. Einen angemessenen Abschied ausschließlich vor der Entnahme des Transplantats zu ermöglichen, würde der Regelung des Art. 6 Abs. 2 S. 2 TPG damit nicht gerecht werden.

4. Koordinierungsstelle, § 11 TPG

Gemäß § 11 Abs. 1a S. 1 TPG hat die Koordinierungsstelle die Zusammenarbeit zur Organentnahme bei verstorbenen Spendern und die Durchführung aller bis zur Übertragung erforderlichen Maßnahmen zu organisieren. Dies dient dem Zweck, „die vorhandenen Möglichkeiten der Organspende

---

442 Begründung zum Gesetzesentwurf der Fraktionen der CDU/CSU, SPD und der F.D.P. über ein Gesetz zur Spende, Entnahme und Übertragung von Organen, Bundesdrucksache 13/4355 vom 16.04.1996, S. 19, aaO.
443 Begründung zum Gesetzesentwurf der Fraktionen der CDU/CSU, SPD und der F.D.P. über ein Gesetz zur Spende, Entnahme und Übertragung von Organen, Bundesdrucksache 13/4355 vom 16.04.1996, S. 19, aaO.

wahrzunehmen und durch die Entnahme und Bereitstellung geeigneter Spenderorgane die gesundheitlichen Risiken der Organempfänger so gering wie möglich zu halten"[444].

Von ihrer Zuständigkeit ausgenommen ist die Vermittlung sogenannter vermittlungspflichtiger Organe im Sinne des § 12 TPG.

Im Jahr 2000 hat die Deutsche Stiftung Organtransplantation mit Hauptsitz in Frankfurt am Main die Funktion der Koordinierungsstelle übernommen. Sie trägt damit die Verantwortung für die Vorbereitung und Durchführung der postmortalen Organspende.[445]

Die Aufgaben dieser gemeinnützigen Stiftung bürgerlichen Rechts wurden durch einen Vertrag mit dem GKV-Spitzenverband, der deutschen Krankenhausgesellschaft und der Bundesärztekammer festgelegt.[446] Dazu zählen unter anderem „die Entlastung und Unterstützung des Krankenhauspersonals im gesamten Organspendeprozess, die Gewährleistung einer hohen Qualität der Spenderbetreuung, der Organentnahme und Konservierung sowie des Transports, die Unterstützung und Begleitung von Angehörigen von Organspendern sowie der Dialog mit der Öffentlichkeit für mehr Information und Transparenz"[447].

Vor dem Hintergrund, dass die Transplantation von VCA aufgrund der bestehenden Gemeinsamkeiten mit der Transplantation von soliden Organen[448] ein vergleichbares Organisations- und Infrastruktursystem erfordert, wie das im TPG für die Transplantation solider Organe vorgeschriebene System, erscheint die Zuständigkeit der Koordinierungsstelle auch für VCA-Transplantationen angemessen.

Dem steht auch nicht entgegen, dass ein derartiges Organisations- und Infrastruktursystem für den Fall von VCA-Transplantationen nicht

---

444 § 11 Abs. 1a S. 1 TPG
445 Vgl. § 1 Abs. 1 und 2 des Vertrages nach § 11 Abs. 2 des Transplantationsgesetzes zur Beauftragung einer Koordinierungsstelle, BAnz AT vom 18.02.2016 B2, Anlage S. 2, im Internet unter: www.bundesanzeiger.de (letzter Abruf: 23.01.2018).
446 Vgl. § 2 des Vertrages nach § 11 Abs. 2 des Transplantationsgesetzes zur Beauftragung einer Koordinierungsstelle, aaO.
447 § 2 Abs. 3 des Vertrages nach § 11 Abs. 2 des Transplantationsgesetzes zur Beauftragung einer Koordinierungsstelle, aaO.
448 Siehe D. II. 1. b) aa) (3) (c) dieser Arbeit.

vergleichbar häufig in Anspruch genommen werden würde wie für Transplantationen solider Organe.

Aufgrund der Gemeinsamkeiten, wie der zu beachtenden kurzen Ischämiezeit oder der Gefahr etwaiger Abstoßungsreaktionen und der damit verbundenen Notwendigkeit wesentlicher Kompatibilität zwischen Spenderorgan und Organempfänger, bedarf auch eine selten durchgeführte VCA-Transplantation eines vergleichbaren Organisationssystems.

Deshalb ist den von der Deutschen Stiftung Organtransplantation übernommenen Aufgaben, wie der Gewährleistung hoher Qualitätsstandards für den gesamten Transplantationsablauf, auch für die VCA-Transplantationen grundsätzlich Bedeutung beizumessen.

5. Organvermittlung, § 12 TPG

§ 12 TPG regelt die Vermittlung der sogenannten vermittlungspflichtigen Organe. Zu diesen zählen gemäß § 1a Nr. 2 TPG Herz, Lunge, Leber, Niere, Bauchspeicheldrüse und Darm.

Nach § 12 Abs. 1 S. 1 TPG haben der Spitzenverband Bund der Krankenkassen, die Bundesärztekammer und die Deutsche Krankenhausgesellschaft oder die Bundesverbände der Krankenhausträger gemeinsam eine geeignete Einrichtung zur Vermittlung dieser Organe zu errichten oder zu beauftragen.

Bei dieser Einrichtung handelt es sich um die Stiftung Eurotransplant. Sie hat ihren Sitz in Leyden, Niederlande.[449] Dies ist möglich, weil als Vermittlungsstelle auch eine geeignete Einrichtung beauftragt werden kann, die ihren Sitz außerhalb des Geltungsbereichs dieses Gesetzes hat.[450]

Eurotransplant koordiniert die Organvermittlung für die angeschlossenen Länder Deutschland, Belgien, Kroatien, Luxemburg, die Niederlande, Österreich, Ungarn und Slowenien.[451] Die Organe werden zentral über die Ländergrenzen hinweg zugeordnet.[452]

---

449 Vgl. Smit/Gerling/de Boer, Dringlichkeit, Erfolgsaussicht, Chancengleichheit, in: Mauer/Gabel (Hrsg.), Intensivmedizin und Management bei Organspende und Transplantation, S. 46 (47).
450 Vgl. § 12 Abs. 2 S. 1 TPG.
451 Vgl. Website der Stiftung Eurotransplant, Über Eurotransplant, im Internet unter: https://www.eurotransplant.org/cms/index.php?page=pat_germany (letzter Abruf: 05.02.2018).

Die Vermittlungsstelle muss insbesondere im Hinblick auf die Anzahl und Qualifikation ihrer Mitarbeiter, ihrer betrieblichen Organisation und ihrer sachlichen Ausstattung gewährleisten, dass die vermittlungspflichtigen Organe nach den Vorschriften des TPG vermittelt werden.[453] Aus § 12 Abs. 3 S. 1 TPG ergibt sich, dass die entsprechenden Organe nach Regeln, die dem Stand der Erkenntnisse der medizinischen Wissenschaft entsprechen, insbesondere nach Erfolgsaussicht und Dringlichkeit, passenden Patienten zuzuweisen sind.

Da VCA nicht zu den in § 1a Nr. 2 TPG genannten vermittlungspflichtigen Organen zählen, findet § 12 TPG gegenwärtig keine Anwendung auf komplexe Gewebe, sodass eine einheitliche Allokation über Eurotransplant nicht stattfindet.

Es stellt sich jedoch die Frage, ob eine zentrale Allokation auch bei VCA angemessen und damit gesetzlich zu regeln wäre. Entscheidend hierfür ist, ob das Erfordernis einer einheitlichen Verteilung bei VCA besteht.

Insoweit bedarf es zunächst einer Differenzierung zwischen dem sogenannten Matching, also der Frage, ob ein Organ aufgrund seiner Beschaffenheit zu dem Empfänger und dessen physiologischen Merkmalen passt, und der Organverteilung nach festgelegten Prioritäten.

Im Hinblick auf die für das Matching entscheidenden physiologischen Merkmale von Spender und Empfänger, wie unter anderem die Blutgruppe sowie die HLA-Antigene,[454] und die Ermöglichung eines effektiven Datenabgleichs, ist der Rückgriff auf zentrale Strukturen grundsätzlich vorteilhaft.

Dies gilt auch, obgleich das Matching bei VCA im Vergleich zum Matching bei soliden Organen die Heranziehung zusätzlicher Kriterien erfordert. So sind etwa die Textur und Farbe der Haut, die Knocheneigenschaften und die Beschaffenheit von Weichgeweben zu berücksichtigen.[455] Die Spendersuche könnte auf diese Weise über die regionalen Grenzen der einzelnen Transplantationszentren hinaus gewährleistet werden.

---

452 Vgl. Website der Stiftung Eurotransplant, aaO.
453 Vgl. § 12 Abs. 1 S. 2 TPG.
454 Vgl. Rahmel, Vascularized Composite Allografts: Procurement, Allocation, and Implementation, Current Transplantation Reports (2014) 1, S. 173 (176).
455 Rahmel, Vascularized Composite Allografts: Procurement, Allocation, and Implementation, aaO., S. 173 (176 f.).

Die Suche nach Organspendern erfolgt bei VCA jedoch in der Regel nicht unter vergleichbarem Zeitdruck wie bei soliden Organen, denn anders als der potentielle Empfänger eines soliden Organs[456] befindet sich der Empfänger eines VCA[457] meist nicht in einer unmittelbar lebensbedrohenden Situation. Die erwünschte Transplantation einer Hand kann insoweit nicht mit der dringend erforderlichen lebensrettenden Transplantation eines Herzens oder einer Leber gleichgesetzt werden.

Jedoch müssen die physiologischen Merkmale von Organempfänger und Spender weitgehend übereinstimmen, um die Gefahr von Abstoßungsreaktionen zu vermeiden und den Transplantationserfolg zu gewährleisten.

Ein zentraler Datenabgleich wäre deshalb auch bei VCA im Grundsatz sinnvoll. Dem steht jedoch die aktuell noch geringe Zahl an VCA-Transplantationen entgegen. In der gegenwärtigen Situation erscheint es deshalb ausreichend, wenn das Matching im Austausch zwischen Transplantationszentrum und Entnahmeeinrichtung durchgeführt wird, damit eher auf lokaler und regionaler Ebene stattfindet, und auf die Schaffung einer zusätzlichen zentralen Struktur verzichtet werden kann.

Ähnliches gilt für die Frage nach einer zentralen Verteilung von Transplantaten im Falle mehrerer passender potentieller VCA-Empfänger.

Auf der einen Seite würde durch eine zentrale Allokation ein einheitliches und konstantes System der Vermittlung von VCA geschaffen werden. Auf der anderen Seite erfordert eine zentrale Verteilung auch einen erheblichen Aufwand, der zu rechtfertigen wäre. Insoweit ist eine Abwägung erforderlich.

Theoretisch ist denkbar, dass mehrere potentielle Empfänger ein vergleichbares VCA benötigen. In einem solchen Fall wäre eine auf Dringlichkeit und Erfolgsaussicht beruhende zentrale Allokation sachgerecht.[458]

Allerdings sind die tatsächlich durchgeführten VCA-Transplantationen noch so selten, dass eine derartige Situation nahezu ausgeschlossen erscheint

---

456 Eine Ausnahme stellt die Transplantation der Niere dar, wenn die Dialyse als alternative Therapie zur Verfügung steht.
457 Eine Ausnahme stellt hier die Transplantation der Bauchwand dar, die in Zusammenhang mit einem soliden Organ erfolgt.
458 Gutmann/Wiese, aaO., S. 84 (85).

und nicht ausreicht, das Erfordernis einer zentralen Allokation über Eurotransplant oder eine vergleichbare Institution zu rechtfertigen.

Zudem sprechen erhebliche logistische Anforderungen, wie die aufwändige Organisation von Entnahme und Transport der Transplantate, gegen die zentrale Verteilung.

Die Praxis der lokalen oder regionalen Allokation in Abstimmung und Zusammenarbeit zwischen dem Entnahmekrankenhaus und der transplantierenden Einrichtung kann deshalb gegenwärtig auch hier als angemessen betrachtet werden.[459]

Dies ist anders zu beurteilen, wenn sich die Anzahl von VCA-Transplantationen erheblich vergrößert.[460] Dann wäre eine zentrale Allokation, auch vor dem Hintergrund eines angemessenen Matchings und einer dann vom Aufwand her eher zu rechtfertigenden zentralen Entnahme- und Transportlogistik, zu erwägen.[461]

Ein weiteres Argument gegen das Erfordernis der zentralen Allokation ergibt sich mit Blick auf die gegenwärtige Aufgabe von Eurotransplant. Diese besteht in der Vermittlung von lebensnotwendigen Organen. Angesichts der bestehenden Mangelsituation bei der Versorgung mit soliden Organen ist diese Form der Allokation angemessen, um Chancengleichheit und Verteilungsgerechtigkeit sicherzustellen.

VCA sind bis auf wenige Ausnahmen nicht lebensnotwendig. Auch besteht in diesem Bereich keine Mangelsituation in der Versorgung. Eine Übertragung der allokativen Aufgaben an Eurotransplant ist auch vor diesem Hintergrund nicht gerechtfertigt.

Im Ergebnis ist eine zentrale Allokation von VCA über die Vermittlungsstelle zum gegenwärtigen Zeitpunkt nicht erforderlich, sodass ein aktueller Regelungsbedarf nicht besteht.

---

459 Vgl. Rahmel, Vascularized Composite Allografts: Procurement, Allocation, and Implementation, aaO., S. 173 (177).

460 Vgl. Rahmel, Vascularized Composite Allografts: Procurement, Allocation, and Implementation, aaO., S. 173 (180).

461 Vgl. Rahmel, Vascularized Composite Allografts: Procurement, Allocation, and Implementation, aaO., S. 173 (180).

E. Zusammenfassung

Die Vision, Organe zu transplantieren, existiert bereits seit vielen Jahrhunderten. Erst der schnelle medizinische Fortschritt während der letzten Jahrzehnte hat diese Vorstellung zur Realität werden lassen. Heute gehört die Organtransplantation weitgehend zur medizinischen Routine.

Die von Theodor Kocher im Jahre 1883 durchgeführte Schilddrüsentransplantation gilt als die erste Organtransplantation. Zu wesentlichen Fortschritten kam es aber erst Mitte des 20. Jahrhunderts nach den Entdeckungen zur Gewebekompatibilität und der Immunreaktion sowie der HLA-Antigene durch die Nobelpreisträger Peter Medawar und Jean Dausset, die als entscheidende Voraussetzungen für die Beherrschung der Abstoßungsreaktionen des Körpers gelten. In den folgenden Jahren kam es zu den ersten erfolgreichen Nieren-, Pankreas-, Leber- und Herztransplantationen.

Noch heute ist die Transplantationsmedizin ein stetig wachsender und sich entwickelnder Bereich in der Medizin. Insbesondere die Möglichkeit der VCA-Transplantation hat in den vergangenen etwa 20 Jahren für viel Aufsehen gesorgt.

So ist es heute möglich, Körperteile wie Hände, Arme, Beine, Bauchwände oder Gesichter zu transplantieren.

Die erste Transplantation einer Hand erfolgte bereits 1964 in Ecuador. Allerdings musste das Transplantat wenige Wochen später wieder entnommen werden. Die erste erfolgreiche Handtransplantation fand 1998 in Frankreich statt. Ebenfalls in Frankreich wurde 2005 die erste Gesichtstransplantation durchgeführt, während in Deutschland 2008 die weltweit erste beidseitige Armtransplantation erfolgte.

Trotz deutlicher Fortschritte sind bis heute weltweit nur etwa 150 VCA-Transplantationen dokumentiert. Dies lässt bereits erkennen, dass sich diese Behandlungsmöglichkeiten noch im Stadium der Neulandmedizin befinden. Medizinische Routine kann nicht angenommen werden.

VCA-Transplantationen haben grundsätzlich keine unmittelbar lebensrettende Funktion. Sie dienen vielmehr der Steigerung der Lebensqualität. Eine Ausnahme stellt insoweit die Transplantation der Bauchwand dar, die meist in untrennbarem Zusammenhang mit einer lebensnotwendigen

Transplantation solider Organe durchgeführt wird und damit einen lebensrettenden Charakter aufweist.

Die Transplantation von VCA erfordert ebenso wie die Transplantation solider Organe die nachfolgend lebenslange Einnahme von Immunsuppressiva, um Abstoßungsreaktionen des Körpers zu verhindern. Eine solche immunsuppressive Therapie kann erhebliche Gefahren für das Leben zur Folge haben. Da es sich bei den VCA-Transplantationen, anders als bei Transplantationen solider Organe, meist nicht um lebensnotwendige Maßnahmen, sondern um Eingriffe zur Verbesserung der Lebensqualität handelt, stellen sich auch für die rechtliche Betrachtung bedeutsame ethische Fragen.

Im Hinblick auf eine medizinethische Bewertung der VCA-Transplantationen kommt der Nutzen-Risiko-Abwägung erhebliche Bedeutung zu. Während sich der potentielle VCA-Empfänger vor der Transplantation in keiner unmittelbar lebensbedrohenden Situation befindet, werden mit der Durchführung des Eingriffs und der damit zwingend verbundenen immunsuppressiven Therapie potentiell lebensbedrohende Nebenwirkungen in Kauf genommen.

Neben den mit der Einnahme von Immunsuppressiva verbundenen Gefahren sind weitere in Verbindung mit der Transplantation von VCA bestehende Risiken zu erwägen. So sind insbesondere psychische Belastungen ein nicht zu unterschätzender Faktor. Aufgrund der visuellen Wahrnehmbarkeit von VCA besteht die Möglichkeit, dass die Vorstellungen des Patienten bezüglich des äußeren Erscheinungsbildes, aber auch der Sensibilität und Funktionalität, erheblich von dem tatsächlich eingetretenen Ergebnis abweichen. Dies kann Enttäuschungen seitens des Patienten zur Folge haben. Zudem stellt die Wiedererlangung der Funktionalität einen langwierigen Prozess dar, der intensive Anstrengungen zur Rehabilitation des VCA-Empfängers in den ersten Jahren nach dem Eingriff bedingt und eine erhebliche Motivation sowie hohe Adhärenz des Patienten voraussetzt.

Den Risiken steht bei medizinethischer Beurteilung ein wesentlicher Nutzen der VCA-Transplantation entgegen. Die Eingriffe dienen der Steigerung der Lebensqualität. Auf den ersten Blick erscheint die bloße Steigerung der Lebensqualität zur Legitimation von Eingriffen, die mit den genannten Risiken einhergehen, nicht ausreichend.

Zusammenfassung

Bei näherer Betrachtung ist dies anders zu bewerten. Insoweit kommt dem von Siemionow und Sonmez geprägten Begriff „Social Survival", also dem sozialen Überleben, maßgebliche Bedeutung zu.[462]

Das Gesicht und die oberen Extremitäten sind essentielle Bestandteile des Erscheinungsbildes des Menschen. Sie alle stellen die physische Grundlage von Identität und Attraktivität dar.

Ihnen kommt eine Schlüsselrolle im Hinblick auf die soziale Interaktion des Menschen zu. Insoweit ist davon auszugehen, dass die Transplantation von VCA für das „Social Survival" von entscheidender Bedeutung sein und zu einer wesentlichen Steigerung der Lebensqualität führen kann. Siemionow und Sonmez verdeutlichen darüber hinaus, dass diese verbesserte Lebensqualität möglicherweise auch unmittelbare Auswirkungen auf das tatsächliche physische Überleben hat.[463]

Auch der mögliche Einsatz von Prothesen steht der ethischen Rechtfertigung von Transplantationen oberer Extremitäten nicht zwingend entgegen. Es bestehen erhebliche Unterschiede zwischen einem Transplantat einerseits und einer Prothese andererseits. Insbesondere sind Prothesen nicht in der Lage, eine Sensibilität zu vermitteln. Die Wiedererlangung von Gefühlen, wie Druck oder Schmerz sowie des Tastsinnes, sind damit wesentliche Vorteile eines entsprechenden Transplantats gegenüber dem Einsatz von Prothesen.

Die rechtliche Einordnung von Geweben ist auf Ebene der Europäischen Union differenziert und detailliert geregelt. Dabei kommt der Geweberichtlinie zentrale Bedeutung zu.

Auf nationaler Ebene wurde in Umsetzung der europäischen Geweberichtlinie das Gewebegesetz geschaffen. Dieses stellt ein Artikelgesetz dar und hat insbesondere zu Änderungen im Rahmen des AMG sowie des TPG geführt.

Die erfolgte Umsetzung der Geweberichtlinie durch den nationalen Gesetzgeber wurde von Beginn an kritisch betrachtet. Obgleich die Gewebemedizin ein breit gefächerter Bereich der Medizin ist und entsprechend differenzierte Regelungen erfordert, hat der deutsche Gesetzgeber, anders als

---

462 Vgl. Siemionow/Sonmez, aaO., S. 345.
463 Vgl. Siemionow/Sonmez, aaO., S. 345 (345 ff.)

die Europäische Union, verschiedene Gewebearten nahezu undifferenziert behandelt und überwiegend den Regelungen des AMG unterworfen. So vermag es nicht zu überzeugen, Gewebetransplantate, die weder be- noch verarbeitet werden, wie Arzneimittel zu behandeln. Das AMG stellt insoweit kein passendes Regelungssystem dar.

Da der deutsche, arzneimittelrechtlich geprägte Weg erheblich von den differenzierten Vorgaben der Europäischen Union abweicht, der nationale Gesetzgeber aber zur Umsetzung europäischer Richtlinien verpflichtet ist, stellt sich die Frage, ob er dem Umsetzungserfordernis noch ordnungsgemäß nachgekommen ist.

Entscheidendes Ziel der Richtlinien ist die Harmonisierung der Rechtordnungen der Mitgliedsstaaten. Diesem Ziel werden die Mitgliedsstaaten dann gerecht, wenn sie die Regelungssystematik der Europäischen Union übernehmen und auf diese Weise einheitliche Rahmenbedingungen schaffen.

Vor diesem Hintergrund ist die in Deutschland erfolgte Umsetzung ohne Differenzierungen zwischen den einzelnen Gewebearten nicht überzeugend.

Maßgeblich für die rechtliche Behandlung von Organen ist auf europäischer Ebene die Organrichtlinie. Ziel der Richtlinie ist gemäß Art. 1 die „Sicherstellung von Qualitäts- und Sicherheitsstandards für zur Transplantation in den menschlichen Körper bestimmte menschliche Organe, um ein hohes Gesundheitsschutzniveau zu gewährleisten".

Auf nationaler Ebene kommt dem TPG entscheidende Bedeutung hinsichtlich der rechtlichen Behandlung von Organen zu. Dabei findet das Gesetz grundsätzlich Anwendung „für die Spende und die Entnahme von menschlichen Organen oder Geweben zum Zwecke der Übertragung sowie für die Übertragung der Organe oder der Gewebe einschließlich der Vorbereitung dieser Maßnahmen"[464].

Bei medizinischer Betrachtung werden VCA weltweit überwiegend als Organe eingeordnet. Dabei wird meist auf die bestehenden Ähnlichkeiten zwischen VCA und Organen im Gegensatz zu VCA und nicht-vaskularisierten Geweben abgestellt.

So nehmen Siemionow und Sonmez einen umfassenden Vergleich zwischen der Niere und dem Gesicht vor und führen aus, dass die Niere zwar

---

464 § 1 Abs. 2 TPG

aus 15 verschiedenen anatomischen Strukturen besteht und 12 Funktionen ausführt, das Gesicht demgegenüber aber 31 Strukturen aufweist und 18 verschiedene Funktionen übernimmt.[465] Es stelle demnach ein ebenso komplexes Konstrukt dar wie die Niere und stehe den soliden Organen insoweit nicht nach.[466] Ebenso gelangen die internationalen medizinischen Fachgesellschaften in ihren Ausführungen zu dem Ergebnis einer Zuordnung der VCA zu den Organen.[467]

Die medizinische Behandlung von VCA hat zunächst keinen unmittelbaren Einfluss auf deren rechtliche Einordnung. Allerdings kann sie, zum Beispiel bei der Auslegung einzelner Tatbestandsmerkmale, zu berücksichtigen sein.

In Deutschland ist die rechtliche Behandlung von VCA nicht abschließend geklärt. Komplexe Gewebe werden in den deutschen Gesetzen nicht ausdrücklich erwähnt. Eine potentielle gesetzliche Grundlage für den rechtlichen Umgang mit VCA stellt das TPG dar. Maßgeblich ist, ob sich VCA unter die entsprechende Organ- oder Gewebedefinition subsumieren lassen. Dafür ist erforderlich, dass alle Tatbestandsmerkmale einer der Definitionen erfüllt sind.

Im Hinblick auf die im TPG enthaltene Organdefinition ist davon auszugehen, dass VCA nahezu alle Tatbestandsmerkmale aufweisen. Einzig die Subsumtion unter das Merkmal der funktionalen Einheit bedarf näherer Betrachtung. Diese Frage ist von entscheidendem Gewicht, denn liegt eine funktionale Einheit im Sinne des § 1a Nr. 1 TPG vor, sind alle Merkmale der Definition erfüllt und VCA rechtlich, wie Organe zu behandeln. Ist eine funktionale Einheit dagegen nicht anzunehmen, liegt eine Einordnung als Gewebe und damit eine für den Umgang mit VCA unpassende überwiegend arzneimittelrechtliche Behandlung nahe.

Dass VCA eine funktionale Einheit in diesem Sinne darstellen, kann durch Auslegung ermittelt werden.

---

465 Vgl. Siemionow/Sonmez, aaO., S. 345 (351).
466 Vgl. Siemionow/Sonmez, aaO., S. 345 (351 ff.).
467 Vgl. Cendales/Granger/Henry et al., aaO. S. 13 (14); American Society of Transplantation, Key Position Statement, aaO.; Schneeberger/Morelon/Landin, aaO., S. 1088.

In systematischer Hinsicht lässt sich zunächst ein Vergleich zu der rechtlichen Behandlung der Haut in § 1a Nr. 1 TPG als Hinweis darauf anführen, dass eine funktionale Einheit bei komplexen Geweben anzunehmen ist.

Auch im Hinblick auf eine europarechtskonforme Auslegung ergibt sich kein anderes Ergebnis, zumal die Europäische Union im Jahre 2013 verdeutlicht hat, dass sie VCA rechtlich den Organen zuordnet und damit etwaige Unklarheiten bezüglich der rechtlichen Einordnung aus ihrer Sicht nicht existieren.

Auch unter teleologischen Gesichtspunkten erscheint die Anwendbarkeit der Organvorschriften auf VCA überzeugend. Dafür spricht, dass wesentliche Gemeinsamkeiten und Parallelen zwischen der Transplantation von soliden Organen sowie der Transplantation von VCA bestehen. Dazu zählen unter anderem das Erfordernis einer immunsuppressiven Therapie sowie eine kurze „kalte" Ischämiezeit.

Von entscheidender Bedeutung sind hier historische Erwägungen. Es ist davon auszugehen, dass der Gesetzgeber sich bei Einführung der Organdefinition in das TPG an die bereits bestehende medizinische Organdefinition angelehnt hat.

Anhaltspunkte für ein eigenes, abweichendes Organverständnis des Gesetzgebers sind nicht ersichtlich. Ebenso wie die rechtliche Organdefinition weist auch die medizinische Organdefinition das Merkmal einer Funktionseinheit auf. Auch dieses Merkmal hat der Gesetzgeber übernommen, sodass es darauf ankommt, was unter einer Funktionseinheit im medizinischen Sinne zu verstehen ist.

Eine solche Funktionseinheit besteht allerdings nicht nur bei soliden Organen, sondern auch im Falle scheinbar voneinander getrennter Strukturen. In medizinischer Hinsicht ist also nicht ersichtlich, warum eine funktionale Einheit bei soliden Organen angenommen, bei VCA dagegen abgelehnt werden sollte.

Eine kategorische Grenze derart, dass eine funktionale Einheit nur zu bejahen ist, sofern eine Einheit im Sinne von soliden Organen besteht, ist nicht ersichtlich. Insoweit kommt es auf eine Vergleichbarkeit von soliden Organen und VCA nicht an.

Hat aber der Gesetzgeber dieses medizinische Organverständnis und damit auch das medizinische Verständnis einer Funktionseinheit zugrunde gelegt, spricht vieles dafür, eine funktionale Einheit im Sinne des § 1a Nr. 1 TPG auch im Falle von VCA anzunehmen.

Mithin ist die Organdefinition des § 1a Nr. 1 TPG auch auf VCA anzuwenden, sodass VCA rechtlich wie Organe zu behandeln sind.

Diese Einschätzung wird durch verschiedene Indizien unterstützt. Zum Beispiel ist auf die rechtliche Behandlung von VCA in Frankreich und den USA hinzuweisen. Während in Frankreich bereits seit vielen Jahren VCA gesetzlich ausdrücklich den soliden Organen zugeordnet werden, hat auch der amerikanische Gesetzgeber kürzlich VCA gesetzlich den soliden Organen gleichgestellt und dabei eine ausdrückliche Definition von VCA ins Gesetz aufgenommen. In dieser Definition werden komplexe Gewebe unter anderem durch das Merkmal einer der funktionalen Einheit im Sinne des § 1a Nr. 1 TPG zumindest sehr ähnlichen anatomisch-strukturellen Einheit charakterisiert.

Auch im Hinblick auf den Sonderfall der Bauchwandtransplantation erweist sich die rechtliche Einordnung von VCA zu den Organen als überzeugend. Die Transplantation der Bauchwand erfolgt grundsätzlich nicht als völlig selbstständiger medizinischer Eingriff, sondern steht zumeist in einem unmittelbaren und untrennbaren Zusammenhang mit der Transplantation eines soliden Organs. Um eine einheitliche rechtliche Behandlung von Bauchwand und solidem Organ zu gewährleisten, ist eine Zuordnung der VCA zu den soliden Organen auch insoweit angemessen.

Die generelle Anwendbarkeit der Organvorschriften des TPG auch auf VCA schließt nicht aus, dass einzelne Vorschriften, aufgrund der durchaus bestehenden Unterschiede zwischen VCA und Organen, gegebenenfalls geändert werden müssten.

§ 2 TPG regelt die Aufklärung der Bevölkerung. Zwar ist eine vergleichbar umfassende Aufklärung wie im Falle der lebensrettenden Transplantationen solider Organe für die Transplantation von VCA nicht angemessen, allerdings würde die Unterlassung jeglicher Art von Aufklärung zumindest dem Recht des potentiellen Spenders auf eine informierte Entscheidung über die postmortale Verwendung seiner VCA nicht gerecht werden. Da § 2 TPG seinem Wortlaut nach jedoch einen erheblichen Spielraum hinsichtlich der Intensität der Aufklärungsmaßnahmen zulässt, erweist er sich auch für VCA als anwendbar.

Das Erfordernis der Aufklärung des einzelnen Patienten vor der Transplantation ist im TPG nicht ausdrücklich geregelt. Die individuelle Aufklärung ist jedoch Voraussetzung für eine ebenso erforderliche wirksame Einwilligung des Patienten im Sinne des § 630 d BGB iVm. § 630 e BGB. Die Notwendigkeit einer solchen Aufklärung ergibt sich bereits aus allgemeinen Grundsätzen wie dem Selbstbestimmungsrecht des Patienten sowie seinem Recht auf körperliche Unversehrtheit, sodass es einer spezialgesetzlichen Regelung im Rahmen des TPG insoweit nicht bedarf.

§ 3 TPG regelt die Einwilligung des potentiellen Organ- oder Gewebespenders in die Entnahme. § 4 TPG normiert die Zustimmung der nächsten Angehörigen, falls eine Einwilligung des Spenders nicht vorliegt. Aufgrund der rechtlichen Zuordnung der VCA zu den Organen könnte man auf den ersten Blick davon ausgehen, dass eine generelle Einwilligung in die Organentnahme auch eine Einwilligung in die Entnahme von VCA umfasst.

Bei der Einwilligung handelt es sich um eine auslegungsbedürftige Willenserklärung. Es ist anzunehmen, dass dem Großteil der Bevölkerung zum gegenwärtigen Zeitpunkt nicht bewusst ist, dass eine generelle Einwilligung in die Organentnahme auch eine Einwilligung in die Entnahme von komplexen Geweben umfasst. Damit kann aber die generelle Einwilligung nicht zugleich auch eine Einwilligung in die VCA-Entnahme darstellen. Liegt demnach eine ausdrückliche Einwilligung in die Entnahme von VCA nicht vor, kommt es maßgeblich auf die Zustimmung der nächsten Angehörigen im Sinne des § 4 TPG an.

Die teilweise vertretene Annahme, dass bei der Gesichtstransplantation sowohl eine ausdrückliche Einwilligung des potentiellen Spenders als auch ein fehlender Widerspruch seitens der Angehörigen erforderlich ist, vermag nicht zu überzeugen. Auf diese Weise würde dem sich aus Art. 1 Abs. 1 GG ergebenden postmortalen Persönlichkeitsrecht des Spenders nicht ausreichend Rechnung getragen werden.

Sollte sich die Anzahl durchgeführter VCA-Transplantationen in Deutschland erheblich vergrößern, wäre aus Gründen der Transparenz die Aufnahme einer gesonderten Position zur VCA-Entnahme im Organspendeausweis zu überdenken.

§ 6 TPG regelt die Achtung der Würde des Menschen. Aus § 6 Abs. 2 S. 1 TPG ergibt sich, dass der Leichnam in würdigem Zustand zur Bestattung übergeben werden muss. Es könnten Zweifel aufkommen, ob aufgrund der mit der VCA-Entnahme einhergehenden erheblichen ästhetischen Beeinträchtigungen des Leichnams den Anforderungen des § 6 Abs. 2 S. 1 TPG noch entsprochen werden kann. Da heutzutage eine weitgehende Wiederherstellung des äußeren Erscheinungsbildes des Körpers durch die plastische Chirurgie möglich ist, ist davon auszugehen, dass die Anforderungen des § 6 Abs. 2 S. 1 TPG erfüllt werden können.

Gemäß § 6 Abs. 2 S. 2 TPG ist dem nächsten Angehörigen zuvor Gelegenheit zu geben, den Leichnam zu sehen. Der Wortlaut konkretisiert dabei allerdings nicht, ob es ausreicht, dem Angehörigen lediglich vor der Entnahme die Möglichkeit zu geben, den Leichnam zu sehen, oder ob dies auch nach dem Eingriff noch gestattet werden muss. Aus der Begründung zum Gesetzesentwurf des Transplantationsgesetzes aus dem Jahr 1996 wird jedoch deutlich, dass dem nächsten Angehörigen Gelegenheit zu geben ist, sich davon zu überzeugen, dass sich der Leichnam bei der Übergabe zur Bestattung und damit nach dem chirurgischen Eingriff in würdigem Zustand befindet.

Vor dem Hintergrund der bestehenden Parallelen zwischen der Transplantation solider Organe und der VCA-Transplantation erweist sich die Zuständigkeit der in § 11 TPG geregelten Koordinierungsstelle auch für VCA als angemessen. Insbesondere bedarf die Transplantation von VCA eines vergleichbaren Organisations- und Infrastruktursystems wie die Transplantation solider Organe.

§ 12 TPG regelt die Vermittlung der sogenannten vermittlungspflichtigen Organe. Da VCA nicht zu diesen in § 1a Nr. 2 TPG enthaltenen vermittlungspflichtigen Organen zählen, findet § 12 TPG gegenwärtig keine Anwendung auf VCA. Eine Ausweitung des § 12 TPG auch auf VCA erscheint zum aktuellen Zeitpunkt in Anbetracht der geringen Zahlen durchgeführter VCA-Transplantationen nicht angemessen. Überzeugender ist die gegenwärtige Praxis der lokalen oder regionalen Verteilung. Sollte sich die Anzahl jährlich durchgeführter VCA-Transplantationen erheblich vergrößern, wäre eine zentrale Allokation zu erwägen. Aufgrund der genannten Ausführungen besteht zum gegenwärtigen Zeitpunkt jedoch kein Regelungsbedarf bezüglich § 12 TPG.

Rechtlich unterfallen VCA der Organdefinition des § 1a Nr. 1 TPG und sind wie solide Organe dem Regelungsregime des TPG zu Organen unterworfen.

Die Transplantation von VCA beschäftigt seit vielen Jahren Mediziner auf der ganzen Welt. Obgleich es immer wieder zu wesentlichen Fortschritten und Erfolgen kam, ist die Anzahl bislang erfolgter VCA-Transplantationen noch relativ gering. Allerdings können diese Methoden der modernen Transplantationsmedizin das Potential zur deutlichen Ausweitung haben. Dies gilt vor allem, wenn mit der VCA-Transplantation verbundene Risiken, wie die Nebenwirkungen der immunsuppressiven Therapie, durch neue medizinische Entdeckungen verringert werden können.

Literaturverzeichnis

Altman, Lawrence, A pioneering transplant, and now an ethical storm, The New York Times vom 06.12.2005, im Internet unter: http://www.nytimes.com/2005/12/06/science/a-pioneering-transplant-and-now-an-ethical-storm.html (letzter Abruf: 07.03.2018).

American Society of Transplantation, Key Position Statement – Vascularized Composite Allotransplantation (VCA) Research, 2011, im Internet unter: https://www.myast.org/public-policy/key-position-statements/vascularized-composite-allotransplantation-vca-research (letzter Abruf: 25.01.2018).

Avashia, Yash/Mackert, Gina/May, Brian/Erdmann, Detlev/Ravindra, Kadiyala, Abdominal wall transplantation, Current Transplantation Reports 2015, Band 2, S. 269–275.

Bader, Mathis, Organmangel und Organverteilung, Tübingen 2010.

Barker, John/Francois, Cedric/Frank, Johannes/Maldonado, Claudio, Composite tissue allotransplantation, Transplantation 2002, Band 73, S. 832–835.

Beauchamp, Tom/Childress, James, Principles of biomedical ethics, 7. Auflage, Oxford 2012.

Beecher, Henry, Ethics and clinical research, New England Journal of Medicine 1966, Band 274, S. 1354–1360.

Berndt, Christina, Warum in Deutschland so viele Spenderorgane fehlen, Süddeutsche Zeitung vom 13.08.2017, im Internet unter: http://www.sueddeutsche.de/gesundheit/transplantationen-so-wenige-spenderorgane-wie-nie-1.3623494 (letzter Abruf: 01.02.2018).

Brännström, Mats/Johannesson, Liza/Bokström, Hans/Kvarnström, Niclas/Mölne, Johan/Dahm-Kähler, Pernilla/Enskog, Anders et al., Livebirth after uterus transplantation, The Lancet 2015, Band 385, S. 607–616.

Breyer, Friedrich/Van den Daele, Wolfgang/Engelhard, Margret/Gubernatis, Gundolf/Kliemt, Hartmut/Kopetzki, Christian/Schlitt, Hans Jürgen et al., Organmangel: Ist der Tod auf der Warteliste unvermeidbar?, 1. Auflage, Heidelberg 2006.

Bueno, Javier/Barret, Juan/Serracanta, Jordi/Arnó, Anna/Collado, José/Valles, César/Colomina, Maria et al., Logistics and strategy of multiorgan procurement involving total face allograft, American Journal of Transplantation 2011, Band 11, S. 1091–1097.

Bundesärztekammer, Vorläufige Anmerkungen der Bundesärztekammer vom 30.01.2009 zum Referentenentwurf für ein Gesetz zur Änderung des AMG und anderer Vorschriften, im Internet unter: http://www.bundesaerztekammer.de/fileadmin/user_upload/downloads/SnAmg20090130.pdf (letzter Abruf: 16.01.2018).

Bundesärztekammer, Erweiterte und aktualisierte Stellungnahme der Bundesärztekammer vom 24.01.2007 zum Regierungsentwurf für ein Gewebegesetz, im Internet unter: http://www.bundesaerztekammer.de/fileadmin/user_upload/downloads/ZRegStell20070124.pdf (letzter Abruf: 13.02.2018).

Bundesärztekammer, Stellungnahme der Bundesärztekammer vom 04.05.2006 zum Entwurf eines Gewebegesetzes, im Internet unter: http://www.bundesaerztekammer.de/fileadmin/user_upload/downloads/ZStell.pdf (letzter Abruf: 17.01.2018).

Bundesrat, Stellungnahme des Bundesrates vom 13.10.2006 zum Entwurf eines Gesetzes über Qualität und Sicherheit von menschlichen Geweben und Zellen (Gewebegesetz), Bundesratsdrucksache 543/06, S. 45, im Internet unter: http://dipbt.bundesrat.de/dip21/brd/2006/0543-06B.pdf (letzter Abruf am 10.01.2018).

Bundesrat, Stellungnahme des Bundesrates, Bericht über die 465. Sitzung vom 10.11.1978, im Internet unter: https://www.bundesrat.de/SharedDocs/downloads/DE/plenarprotokolle/1978/Plenarprotokoll-465.pdf?__blob=publicationFile&v=2 (letzter Abruf: 24.01.2018).

Bundeszentrale für gesundheitliche Aufklärung (BZgA), Forschungsbericht „Organspende" der BZgA vom Mai 2017, Wissen, Einstellung und Verhalten der Allgemeinbevölkerung zur Organ- und Gewebespende – Ergebnisse der Repräsentativbefragung 2016 und Trends seit 2012, im Internet unter: https://www.organspende-info.de/sites/all/files/files/Forschungsbericht_Organspende_2016_final(2).pdf (letzter Abruf: 01.02.2018).

Bydlinski, Franz, Juristische Methodenlehre und Rechtsbegriff, 2. Auflage, Wien 2011.

Calliess, Christian/Ruffert, Matthias, EUV/AEUV, Kommentar, 5. Auflage, München 2016 (zitiert nach Bearbeiter, in: Calliess/Ruffert, EUV/AEUV).

Cendales, Linda/Granger, Darla/Henry, Mitchell/Jones, Jon/Langnas, Alan/Levi, David/Magee, John et al., Implementation of vascularized composite allografts in the United States: Recommendations from the ASTS VCA ad hoc committee and the executive committee, American Journal of Transplantation 2011, Band 11, S. 13–17.

Cendales, Linda/Rahmel, Axel/Pruett, Timothy, Allocation of vascularized composite allografts: What is it?, Transplantation 2012, Band 93, S. 1086–1087.

Conolly, Bruce/Benanzio, Mario, Cosmas and Damian revisited, in: Lanzetta, Marco/Dubernard, Jean-Michel (Hrsg.), Hand Transplantation, 1. Auflage, Heidelberg 2007, S. 3–10.

Dantal, Jacques/Soulillou, Jean-Paul, Immunosuppressive drugs and the risk of cancer after organ transplantation, The New England Journal of Medicine 2005, Band 352, S. 1371–1373.

Dean, Wendy/Talbot, Simon, Vascularized composite allotransplantation at a crossroad: Adopting lessons from technology innovation to novel clinical applications, Transplantation 2017, Band 101, S. 452–456.

Deutsch, Erwin/Spickhoff, Andreas, Medizinrecht, 7. Auflage, Heidelberg 2014.

Deutsche Stiftung Organtransplantation (DSO), Jahresbericht 2016 – Organspende und Transplantation in Deutschland, im Internet unter: https://www.dso.de/uploads/tx_dsodl/JB_2016_Web.pdf (letzter Abruf: 29.01.2018).

Deutsche Stiftung Organtransplantation (DSO), Statistik der DSO, Zahl der jährlichen Organspender in Deutschland 2011–2017, im Internet unter: https://www.dso.de/servicecenter/krankenhaeuser/zahlen-zur-organspende-und-transplantation.html (letzter Abruf: 23.01.2018).

Deutzmann, Rainer, Hormone, in: Duale Reihe Biochemie, 4. Auflage, Stuttgart 2016, S. 582–648.

Devauchelle, Bernard/Badet, Lionel/Lengelé, Benoit/Morelon, Emmanuel/Testelin, Sylvie/Michallet, Mauricette/D'Hauthuille, Cédric/Dubernard, Jean-Michel, First human face allograft: early report, The Lancet 2006, Band 368, S. 203–209.

Diaz-Siso, Rodrigo/Bueno, Ericka/Sisk, Geoffroy/Marty, Francisco/Pomahac, Bohdan/Tullius, Stefan, Vascularized composite tissue allotransplantation – state of the art, Clinical Transplantation 2013, Band 27, S. 330–337.

Dubernard, Jean-Michel/Lengelé, Benoit/Morelon, Emmanuel/Testelin, Sylvie/Badet, Lionel/Moure, Christophe et al., Outcomes 18 months after the first human partial face transplantation, The New England Journal of Medicine 2007, Band 357, S. 2451–2460.

Dubernard, Jean-Michel/Owen, Earl/Herzberg, Guillaume/Lanzetta, Marco/Martin, Xavier/Kapila, Hari/Dawahra, Marwan et al., Human hand allograft: report on first 6 months, The Lancet 1999, Band 353, S. 1315–1320.

Dubernard, Jean-Michel/Owen, Earl/Lefrancois, Nicole/Petruzzo, Palmina/Martin, Xavier/Dawahra, Marwan/Jullien, Denis et al., First human hand transplantation, Transplant International 2000, Band 13, S. 521–524.

Ebinger, Thomas/Mentzel, Martin/Katzmaier, Peter/Merk, Stefan/Kinzl, Lothar, Die allogene Handtransplantation – Technik, Risiko und ethische Vertretbarkeit, Journal der Deutschen Gesellschaft für Plastische und Wiederherstellungschirurgie 2002, Band 25, S. 36–40.

Europäische Kommission, Übersicht über die Umsetzung der Geweberichtlinie in den Staaten der Europäischen Union vom 06.02.2007, im Internet unter: http://ec.europa.eu/health/ph_threats/human_substance/documents/tissues_responses_en.pdf (letzter Abruf: 11.01.2018).

Eurotransplant Statistics Report Library, Active waiting list in 2017, by country, by organ, im Internet unter: http://statistics.eurotransplant.org/index.php?search_type=waiting+list&search_region=by+country&search_period=2017 (letzter Abruf: 02.02.2018).

Eurotransplant Statistics Report Library, Active waiting list in 2012, by country, by organ, im Internet unter: http://statistics.eurotransplant.org/index.php?search_type=waiting+list&search_region=by+country&search_period=2012 (letzter Abruf: 02.02.2018).

Eurotransplant Statistics Report Library, Deceased donors used in 2017, by country, by single/multiple organs used, im Internet unter: http://statistics.eurotransplant.

org/index.php?search_type=donors+deceased&search_region=by+country&search_period=2017 (letzter Abruf: 02.02.2018).

Eurotransplant Statistics Report Library, Deceased donors used in 2012, by country, by single/multiple organs used, im Internet unter: http://statistics.eurotransplant.org/index.php?search_type=donors+deceased&search_region=by+country&search_period=2012 (letzter Abruf: 02.02.2018).

Eurotransplant Statistics Report Library, Organs transplanted in 2017, by transplant country, by donor type, by organ, im Internet unter: http://statistics.eurotransplant.org/index.php?search_type=transplants&search_region=by+country&search_period=2017 (letzter Abruf: 02.02.2018).

Eurotransplant Statistics Report Library, Organs transplanted in 2012, by transplant country, by donor type, by organ, im Internet unter: http://statistics.eurotransplant.org/index.php?search_type=transplants&search_region=by+country&search_period=2012 (letzter Abruf: 02.02.2018).

Eurotransplant Website der Stiftung Eurotransplant, Über Eurotransplant, im Internet unter: https://www.eurotransplant.org/cms/index.php?page=pat_germany (letzter Abruf: 05.02.2018).

Fischer, Gerfried Medizinische Versuche am Menschen, in: Lilie, Hans (Hrsg.), Schriftenreihe Medizin – Ethik – Recht, Band 1, Halle-Wittenberg 2006, S. 1–18.

Fröhlich, Uwe Forschung wider Willen? Rechtsprobleme biomedizinischer Forschung mit nicht einwilligungsfähigen Personen, Heidelberg 1999.

Giele, Henk/Vaidya, Anil/Reddy, Srikanth/Vrakas, Giorgios/Friend, Peter, Current state of abdominal wall transplantation, Current Opinion in Organ Transplantation 2016, Band 21, S. 159–164.

Global Observatory on Donation and Transplantation, Jahresstatistik für 2016 im Newsletter transplant 2017, International Figures on Organ Donation and Transplantation, im Internet unter: http://www.transplant-observatory.org/download/newsletter-2017/ (letzter Abruf: 24.01.2018).

Gott, Nina, Schnittstellen zwischen Organ- und Gewebespende, 1. Auflage, Frankfurt am Main 2014.

Grabitz, Eberhard/Hilf, Meinhard/Nettesheim, Martin, Das Recht der Europäischen Union, Kommentar, 62. Auflage, München 2017 (zitiert nach Bearbeiter, in: Grabitz/Hilf/Nettesheim, Das Recht der EU).

Greaves, Malcolm, Physiology of skin, Journal of Investigative Dermatology 1976, Band 67, S. 66–69.

Gutmann, Thomas, Für eine prinzipielle Neuausrichtung des Transplantationsrechts, in: Middel, Claus-Dieter/Pühler, Wiebke/Lilie, Hans/Vilmar, Karsten (Hrsg.), Novellierungsbedarf des Transplantationsrechts: Bestandsaufnahme und Bewertung, 1. Auflage, Köln 2010, S. 17–40.

Gutmann, Thomas, Für ein neues Transplantationsgesetz, 1. Auflage, Heidelberg 2006.

Gutmann, Thomas/Fateh-Moghadam, Bijan, Rechtsfragen der Organverteilung, in: Gutmann, Thomas/Schneewind, Klaus/Schroth, Ulrich/Schmidt, Volker/Elsässer, Antonellus/Land, Walter/Hillebrand, Günther (Hrsg.), Grundlagen einer gerechten Organverteilung, Heidelberg 2003, S. 37–114.

Gutmann, Thomas/Wiese, Jasper, Zum rechtlichen Status von „vascularized composite allografts", Medizinrecht 2014, Band 32, S. 84–89.

Hakenberg, Oliver, Nierentransplantation heute – aktueller Stand und Entwicklungen, Zeitschrift für Medizinische Psychologie 2008, Band 1, S. 9–13.

Hassemer, Winfried, Juristische Methodenlehre und richterliche Pragmatik, Rechtstheorie 2008, Band 39, S. 1–22.

Haverich, Axel/Haller, Hermann Organtransplantation in Deutschland, Der Internist 2016, Band 57, S. 7–14.

Häberle, Peter/Erbs, Georg/Kohlhaas, Max, Strafrechtliche Nebengesetze, Kommentar, 217. Auflage, München 2017 (zitiert nach Bearbeiter, in: Erbs/Kohlhaas, Strafrechtliche Nebengesetze).

Herndon, James, Composite tissue transplantation – a new frontier, The New England Journal of Medicine 2000, Band 343, S. 503–504.

Höfling, Wolfram, Transplantationsgesetz, Kommentar, 2. Auflage, Berlin 2013 (zitiert nach Bearbeiter, in: Höfling, Transplantationsgesetz).

Höfling, Wolfram, 10 Jahre Transplantationsgesetz – eine kritische Zwischenbilanz, in: Höfling, Wolfram (Hrsg.), Die Regulierung der

Transplantationsmedizin in Deutschland, 1. Auflage, Tübingen 2008, S. 3–8.

Hübner, Dietmar, Einführung in die philosophische Ethik, 1. Auflage, Göttingen 2014.

Hübner, Marlis/Middel, Claus-Dieter/Pühler, Wiebke, Zum Gesetzgebungsverfahren für ein Gewebegesetz, in: Pühler, Wiebke/Middel, Claus-Dieter/Hübner, Marlis (Hrsg.), Praxisleitfaden Gewebegesetz: Grundlagen, Anforderungen, Kommentierungen, 1. Auflage, Köln 2008, S. 3–10.

Hülsemann, Claudia, Composite Tissue – Medizinische Möglichkeiten, rechtliche Grundlagen und ethische Implikationen, in: Lilie, Hans (Hrsg.), Schriftenreihe Medizin – Ethik – Recht, Band 40, Halle-Wittenberg 2012, S. 1–39.

Jones, Jon/Gruber, Scott/Barker, John/Breidenbach, Warren, Successful hand transplantation, The New England Journal of Medicine 2000, Band 343, S. 468–473.

Jouan, Anne, Décès d'Isabelle Dinoire, première greffée du visage, Le Figaro vom 06.09.2016, im Internet unter: http://sante.lefigaro.fr/actualite/2016/09/06/25357-deces-disabelle-dinoire-premiere-greffee-visage (letzter Abruf: 06.03.2018).

Kapoor, Anil, Malignancy in kidney transplant recipients, Drugs 2008, Band 68, S. 11–19.

Kern, Bernd-Rüdiger/Laufs, Adolf, Die ärztliche Aufklärungspflicht, 1. Auflage, Berlin, Heidelberg, New York 1983.

Khalifian, Saami/Brazio, Philip/Mohan, Raja/Shaffer, Cynthia/Brandbacher, Gerald/Barth, Rolf/Rodriguez, Eduardo, Facial transplantation: the first 9 years, The Lancet 2014, Band 384, S. 2153–2163.

Klinge, Heiko/Steinhoff, Gustav, Künstliche Organe und Gewebe mittels Tissue Engineering, in: Oduncu, Fuat/Schroth, Ulrich/Vossenkuhl, Wilhelm (Hrsg.), Transplantation – Organgewinnung und -allokation, 1. Auflage, Göttingen 2003, S. 333–348.

Knobloch, Carsten/Rennekampff, Hans-Oliver/Meyer-Marcotty, Max/Gohritz, Andreas/Vogt, Peter, Organtransplantation, Gewebetransplantation und plastische Chirurgie, Der Chirurg 2009, Band 80, S. 519–526.

Knobloch, Karsten/Vogt, Peter/Rennekampff, Hans-Oliver, Composite Tissue Allotransplantation (CTA): Organ- oder Gewebetransplantation?, Handchirurgie Mikrochirurgie Plastische Chirurgie 2009, Band 41, S. 205–209.

Königsrainer, Alfred/Sprechtnehauser, Bernhard/Steurer, Wolfgang/Ladurner, Ruth/Margreiter, Raimund, Multiviszeraltransplantation (MVT): Indikation, Technik und eigene Ergebnisse, TransplantLinc (2005), Heft 11, S. 73–77.

Lackner, Karoline/Offner, Felix/Nizze, Horst, Dünndarm-, Pankreas- und Inselzelltransplantation, Der Pathologe 2011, Band 32, S. 135–143.

Land, Walter, Immunsuppressive Therapie, 1. Auflage, Stuttgart 2006.

Lantieri, Laurent/Meningaud, Jean-Paul/Grimbert, Philippe/Bellivier, Frank/Lefaucheur, Jean-Pascal/Ortonne, Nicolas/Benjoar, Marc-David et al., Repair of the lower and middle parts of the face by composite tissue allotransplantation in a patient with massive plexiform neurofibroma: a 1-year follow-up study, The Lancet 2008, Band 372, S. 639–645.

Lauchard, Werner/Gubernatis, Gundolf/Blümke, Martin, Transplantationsmedizin, in: Mauer, Dietmar/Gabel, Doris (Hrsg.), Intensivmedizin und Management bei Organspende und Transplantation, 1. Auflage, Darmstadt 2006, S. 53–60.

Lauerer, Michael/Baier, Claas/Alber, Kathrin/Nagel, Eckhard, Berücksichtigung der Erfolgsaussicht bei der Allokation von Spenderlebern, in: Schmitz-Luhn, Björn/Bohmeier, André (Hrsg.), Priorisierung in der Medizin, Heidelberg 2013, S. 161–174.

Lenhart, Volker, Das HLA-System und seine Bedeutung für die klinische Transplantation, Journal of Laboratory Medicine 1979, Band 3, S. 12–20.

Levi, David/Tzakis, Andreas/Kato, Tomoaki/Madariaga, Juan/Mittal, Naveen/Nery, Jose/Nishida, Seigo et al., Transplantation of the abdominal wall, The Lancet 2003, Band 361, S. 2173–2176.

Light, David/Kundu, Neilendu/Djohan, Risal/Quintini, Cristiano/Gandhi, Namita/Gastman, Brian/Drake, Richard et al., Total abdominal wall transplantation: An anatomical study and classification system, Plastic and Reconstructive Surgery 2017, Band 139, S. 1466–1473.

Lilie, Hans, Aktuelle Rechtsprobleme bei der Organtransplantation – Zur Widerspruchslösung, in: Lilie, Hans/Rosenau, Henning/Hakeri, Hakan, (Hrsg.), Die Organtransplantation – Rechtsfragen bei knappen medizinischen Ressourcen, 1. Auflage, Baden-Baden 2011, S. 55–61.

Lilie, Hans, Composite Tissue – Organe, Gewebe oder Aliud, in: Kern, Bernd-Rüdiger/Lilie, Hans (Hrsg.), Jurisprudenz zwischen Medizin und Kultur: Festschrift zum 70. Geburtstag von Gerfried Fischer, 1. Auflage, Frankfurt am Main 2010, S. 263–277.

Lilie, Hans, 10 Jahre Transplantationsgesetz – Verbesserung der Patientenversorgung?, in: Jung, Heike/Luxenburger, Bernd/Wahle, Eberhard (Hrsg.), Festschrift für Egon Müller, 1. Auflage, Baden-Baden 2008, S. 395–410.

Lüllmann, Heinz/Mohr, Klaus/Hein, Lutz, Pharmakologie und Toxikologie, 17. Auflage, Stuttgart 2010.

Marckmann, Georg, Ethische Aspekte von eHealth, in: Fischer, Florian/Krämer, Alexander (Hrsg.), eHealth in Deutschland, 1. Auflage, Heidelberg 2016, S. 83–99.

Marckmann, Georg, Was ist eigentlich prinzipienorientierte Medizinethik?, Ärzteblatt Baden-Württemberg 2000, Band 56, S. 499–502.

Mayer, Jörg/Blum, Janaki/Wintermantel, Erich, Grundlagen des tissue engineering, in: Wintermantel, Erich/Ha, Suk-Woo (Hrsg.), Medizintechnik: Life Science Engineering, 5. Auflage, Heidelberg 2009, S. 373–386.

Mayer, Kurt-Martin/Reuter, Wolfgang, Die Organspende-Lüge, Focus Magazin vom 13.03.2017, im Internet unter: http://www.focus.de/gesundheit/arzt-klinik/organspende/gesundheitsoekonomie-die-organspende-luege_id_6731050.html (letzter Abruf: 24.01.2018).

Mayr, Stefan, Transplantation von zwei Armen – Ein Mann umarmt die Welt, Süddeutsche Zeitung vom 17.05.2010, im Internet unter: http://www.sueddeutsche.de/bayern/transplantation-von-zwei-armen-ein-mann-umarmt-die-welt-1.170135 (letzter Abruf: 02.02.2018).

Mense, Siegfried, Nervensystem – Grundlagen, in: Duale Reihe Anatomie, 4. Auflage, Stuttgart 2017, S. 194–220.

Michel, Cindy, Prothesen-Patienten können jetzt einzelne Finger mit Gedanken steuern, Magazin Wired vom 16.02.2016, im Internet unter: https://www.wired.de/collection/science/einzelne-finger-prothesen-koennen-nun-durch-die-kraft-der-gedanken-gesteuert (letzter Abruf: 29.01.2018).

Middel, Claus-Dieter/Pühler, Wiebke, Einführung, in: Middel, Claus-Dieter/Pühler, Wiebke/Lilie, Hans/Vilmar, Karsten (Hrsg.), Novellierungsbedarf des Transplantationsrechts: Bestandsaufnahme und Bewertung, 1. Auflage, Köln 2010, S. 3–6.

Müller, Sebastian, Die Aufklärung des Organspendeempfängers über Herkunft und Qualität des zu transplantierenden Organs, 1. Auflage, Frankfurt am Main 2013.

Nashan, Björn, Situation der Organspende in Deutschland und was jetzt geschehen muss!, Vortrag anlässlich des DSO Jahreskongresses vom 09.11.2017.

Nashan, Björn/Hugo, Christian/Strassburg, Christian/Arbogast, Helmut/Rahmel, Axel/Lilie, Hans, The authors' reply, Transplantation (2018), Band 102, S. e83–e84.

Nashan, Björn/Hugo, Christian/Strassburg, Christian/Arbogast, Helmut/Rahmel, Axel/Lilie, Hans, Transplantation in Germany, Transplantation (2017), Band 101, S. 213–218.

Nationaler Ethikrat, Stellungnahme vom April 2007, Die Zahl der Organspenden erhöhen – Zu einem drängenden Problem der Organtransplantation in Deutschland, im Internet unter: http://www.ethikrat.org/dateien/pdf/die-zahl-der-organspenden-erhoehen.pdf (letzter Abruf: 24.01.2018).

Neumann, Jürgen, Immunbiologie – Eine Einführung, 1. Auflage, Heidelberg 2008.

o. V., Alle Niederländer, die nicht widersprechen, sind künftig Organspender, Zeit online vom 13.02.2018, im Internet unter: http://www.zeit.de/wissen/gesundheit/2018-02/niederlande-organspende-gesetz-widerspruchsloesung (letzter Abruf: 20.02.2018).

o. V., Weniger als 800 Organspender im vergangenen Jahr, Frankfurter Allgemeine Zeitung vom 13.01.2018, im Internet unter: http://www.faz.net/aktuell/gesellschaft/gesundheit/dramatischer-rueckgang-weniger-als-800-organspender-2017-15397081.html (letzter Abruf: 01.02.2018).

Literaturverzeichnis 153

o. V., Deutschland erhält mehr Organe, als es spendet, Der Tagesspiegel vom 12.01.2018, im Internet unter: http://www.tagesspiegel.de/, Hans-Oliversten/Vogt, Peter/, lexen, on Gruhaelt-mehr-organe-als-es-spendet/20840714.html (letzter Abruf: 02.02.2018).

o. V., Organtransplantation – Mangelware Spenderorgan, Aerztezeitung.at vom 25.01.2017, im Internet unter: http://www.aerztezeitung.at/archiv/oeaez-2017/oeaez-12-25012017/organtransplantationen-spenderorgan-mangelware-eurotransplant-univ-prof-gabriela-berlakovich.html (letzter Abruf: 25.01.2018).

o. V., Achtjähriger erhält zwei Spender-Hände, Magazin Stern vom 29.07.2015, im Internet unter: https://www.stern.de/panorama/stern-crime/zion-harvey--spender-haende-fuer-achtjaehrigen-jungen-in-den-usa-6363032.html (letzter Abruf: 26.01.2018).

o. V., Göttinger Chirurg könnte auch in Regensburg manipuliert haben, Zeit online vom 02.08.2012, im Internet unter: http://www.zeit.de/wissen/gesundheit/2012-08/organspende-transplantation-regensburg (letzter Abruf: 01.02.2018).

o. V., Meilensteine der Transplantationsmedizin – Wo sich der Tod mit dem Leben vermählt, Süddeutsche Zeitung vom 25.05.2012, im Internet unter: http://www.sueddeutsche.de/gesundheit/meilensteine-der-transplantatationsmedizin-wo-sich-der-tod-mit-dem-leben-vermaehlt-1.1365427-2 (letzter Abruf: 12.02.2018).

o. V., Spektakuläre Arm-Transplantation – Patient kann Finger bewegen, Magazin Stern vom 20.07.2009, im Internet unter: https://www.stern.de/gesundheit/spektakulaere-arm-transplantation-patient-kann-finger-bewegen-3811796.html (letzter Abruf: 30.01.2018).

o. V., Transplantierte Hand wieder amputiert, Die Welt vom 05.02.2001, im Internet unter: https://www.welt.de/print-welt/article431937/Transplantierte-Hand-wieder-amputiert.html (letzter Abruf: 30.01.2018).

o. V., Spektrum – Lexikon der Neurowissenschaft, Stichwort „Regeneration", im Internet unter: http://www.spektrum.de/lexikon/neurowissenschaft/regeneration/10844 (letzter Abruf: 30.01.2018).

o. V., Weniger als 800 Organspender im vergangenen Jahr, Frankfurter Allgemeine Zeitung vom 13.01.2018, im Internet unter: http://www.faz.net/aktuell/gesellschaft/

gesundheit/dramatischer-rueckgang-weniger-als-800-organspender-2017-15397081.html (letzter Abruf: 01.02.2018).

ottobock, Website der Firma ottobock, Michelangelo Hand, im Internet unter: https://www.ottobock.de/prothetik/armprothetik/systemuebersicht/michelangelo-prothesenhandsystem/?gclid=EAIaIQ obChMIor-9yIb92AIVFzobCh2Mfwt2EAAYASAAEgKZDfD_BwE (letzter Abruf: 30.01.2018).

Pannenbecker, Arnd, Zum Einfluss des europäischen Rechts auf das TPG: Rechtliche Grundlagen und Grenzen einer europäischen „Organrichtlinie", in: Middel, Claus-Dieter/Pühler, Wiebke/Lilie, Hans/Vilmar, Karsten (Hrsg.), Novellierungsbedarf des Transplantationsrechts: Bestandsaufnahme und Bewertung, 1. Auflage, Köln 2010, S. 215–226.

Parzeller, Markus, Entnahme von Organen und Geweben bei toten Spendern, in: Pühler, Wiebke/Middel, Claus-Dieter/Hübner, Marlis (Hrsg.), Praxisleitfaden Gewebegesetz: Grundlagen, Anforderungen, Kommentierungen, 1. Auflage, Köln 2008, S. 73–87.

Petit, Francois/Minns, Alicia/Dubernard, Jean-Michel/Hettiaratchy, Shehan/Lee, Andrew, Composite tissue allotransplantation and reconstructive surgery, Annals of Surgery 2003, Band 237, S. 19–25.

Petruzzo, Palmina/Lanzetta, Marco/Dubernard, Jean-Michel/Landin, Luis/Cavadas, Petro/Margreiter, Raimund/Schneeberger, Stephan et al., The international registry on hand and composite tissue transplantation, Transplantation 2010, Band 90, S. 1590–1594.

Petruzzo, Palmina/Testelin, Sylvie/Kanitakis, Jean/Badet, Lionel/Lengelé, Benoit/Girbon, Jean-Pierre/Parmentier, Hélène et al., First human face transplantation: 5 years outcomes, Transplantation 2012, Band 93, S. 236–240.

Pieper, Annemarie, Einführung in die Ethik, 7. Auflage, Stuttgart 2017.

Piza-Katzer, Hildegunde/Wechselberger, Gottfried/Estermann, Dunja/Gabl, Markus/Arora, Rohit/Hussl, Heribert, Zehn Jahre Handtransplantation Experiment oder Routine?, Handchirurgie Mikrochirurgie Plastische Chirurgie 2009, Band 41, S. 210–216.

Pomahac, Bohdan/Pribaz, Julian/Eriksson, Elof/Bueno, Ericka/Diaz-Siso, Rodrigo/Rybicki, Frank/Annino, Donald et al., Three patients with full facial transplantation, The New England Journal of Medicine 2012, Band 366, S. 715–722.

Pschyrembel, Willibild, Klinisches Wörterbuch, 267. Auflage, Berlin 2017.

Pühler, Wiebke/Ehninger, Gerhard, Das Gewebegesetz – ein „last-minute"-Gesetz?, in: Götting, Horst-Peter/Sternberg-Lieben, Detlev (Hrsg.), Der Mensch als Ware, 1. Auflage, Baden-Baden 2010, S. 75–80.

Pühler, Wiebke/Hübner, Marlis/Middel, Claus-Dieter, Regelungssystematische Vorschläge zur Umsetzung der Richtlinie 2004/23/EG (Geweberichtlinie), Medizinrecht 2007, Band 25, S. 16–21.

Pylatiuk, Christian/Döderlein, Leonhard, „Bionische" Armprothesen – Stand der Forschung und Entwicklung, Der Orthopäde 2006, Band 35, S. 1169–1175.

Rahmel, Axel, Vascularized Composite Allografts: Procurement, Allocation, and Implementation, Current Transplantation Reports 2014, Band 1, S. 173–182.

Ratzel, Rudolf/Luxenburger, Bernd, Handbuch Medizinrecht, 3. Auflage, Heidelberg 2015 (zitiert nach Bearbeiter, in: Ratzel/Luxenburger, Handbuch Medizinrecht).

Ravindra, Kadiyala/Wu, Shengli/Bozulic, Larry/Xu, Hong/Breidenbach, Warren/Ildstad, Suzanne, Composite tissue transplantation: A rapidly advancing field, Transplantation Proceedings 2008, Band 40, S. 1237–1248.

Reuter, Peter, Klinisches Wörterbuch, 1. Auflage, Heidelberg 2006.

Riminton, Sean/Hartung, Hans-Peter/Reddel, Stephen, Managing the risks of immunosuppression, Current Opinion in Neurology 2011, Band 24, S. 217–223.

Roche, Nathalie/Vermeersch, Hubert/Stillaert, Filip/Peters, Kevin/De Cubber, Jan/Van Lierde, Kristiane/Rogiers, Xavier et al., Complex facial reconstruction by vascularized composite allotransplantation: The first Belgian case, Journal of Plastic, Reconstructive and Aesthetic Surgery 2015, Band 68, S. 362–371.

Rommel, Wolf/Schmidt, Hartmut, Organtransplantation – Aktuelle rechtliche und organisatorische Rahmenbedingungen, Anästhesiologie

Intensivmedizin Notfallmedizin Schmerztherapie 2010, Band 45, S. 348–354.

Roth, Anna-Lena/Utler, Simone, Organspendeskandal in Göttingen – „Dafür ist kriminelle Energie nötig", Spiegel online vom 20.07.2012, im Internet unter: http://www.spiegel.de/panorama/gesellschaft/organspende-skandal-an-uniklinik-goettingen-arzt-soll-akten-gefaelscht-haben-a-845496.html (letzter Abruf: 01.02.2018).

Rumsey, Nichola, Psychological aspects of face transplantation: Read the small print carefully, The American Journal of Bioethics 2004, Band 4, S. 22–25.

Schlich, Thomas, Geschichte der Organtransplantation im Spiegel der DMW, Deutsche medizinische Wochenschrift 2000, Band 27, S. 847–848.

Schmalz, Dieter, Methodenlehre, 3. Auflage, Baden-Baden 1992.

Schmitz, Frank, Herz und Herzbeutel, in: Duale Reihe Anatomie, 4. Auflage, Stuttgart 2017, S. 578–626.

Schneeberger, Stefan/Morelon, Emmanuel/Landin, Luis, Vascularized composite allotransplantation: A member of the transplant family?, Transplantation 2012, Band 93, S. 1088–1091.

Schöne-Seifert, Bettina, Prinzipien und Theorien in der Medizinethik, in: Ach, Johann/Bayertz, Kurt/Siep, Ludwig (Hrsg.), Grundkurs Ethik, Band 2, 1. Auflage, Münster 2011, S. 9–20.

Schöne-Seifert, Bettina Grundlagen der Medizinethik, 1. Auflage, Stuttgart 2007.

Schreiber, Hans-Ludwig/Lilie, Hans Vorwort, in: Pühler, Wiebke/Middel, Claus-Dieter/Hübner, Marlis (Hrsg.), Praxisleitfaden Gewebegesetz: Grundlagen, Anforderungen, Kommentierungen, 1. Auflage, Köln 2008, S. XI–XIII.

Schroth, Ulrich, Die Auslegungsproblematik von Rechtsnormen, in: Hassemer, Winfried/Neumann, Ulfrid/Saliger, Frank (Hrsg.), Einführung in Rechtsphilosophie und Rechtstheorie der Gegenwart, 9. Auflage, Heidelberg 2016, S. 256–265.

Schroth, Ulrich/König, Peter/Gutmann, Thomas/Oduncu, Fuat, Kommentar zum Transplantationsgesetz, 1. Auflage, München 2005 (zitiert nach Bearbeiter, in: Schroth/König/Gutmann/Oduncu, TPG).

Schuind, Frédéric/Van Holder, Carlo/Abramowicz, Daniel, Selection of candidates and waiting list, in: Lanzetta, Marco/Dubernard, Jean-Michel (Hrsg.), Hand Transplantation, 1. Auflage, Heidelberg 2007, S. 157–166.

Schünke, Michael/Schulte, Erik/Schumacher, Udo, Prometheus – LernAtlas der Anatomie, 4. Auflage, Stuttgart 2017.

Schwarze, Jürgen/Becker, Ulrich/Hatje, Armin/Schoo, Johann, EU-Kommentar, 3. Auflage, Baden-Baden 2012 (zitiert nach Bearbeiter, in: Schwarze/Becker/Hatje/Schoo, EU-Kommentar).

Selvaggi, Gennaro/Levi, David/Cipriani, Riccardo/Sgarzani, Rossella/Pinna, Antonio/Tzakis, Andreas, Abdominal wall transplantation: Surgical and immunologic aspects, Transplantation Proceedings 2009, Band 41, S. 521–522.

Selvaggi, Gennaro/Levi, David/Kato, Tomoaki/Madariaga, Juan/Moon, Jang/Nishida, Seigo/Tzakis, Andreas, Expanded use of transplantation techniques: Abdominal wall transplantation and intestinal autotransplantation, Transplantation Proceedings 2004, Band 36, S. 1561–1563.

Shores, Jaimie/Brandbacher, Gerald/Lee, Andrew, Hand and upper extremity transplantation: An update of outcomes in the worldwide experience, Plastic and Reconstructive Surgery 2015, Band 135, S. 351e–360e.

Shores, Jaimie/Malek, Veronika/Lee, Andrew/Brandacher, Gerald, Outcomes after hand and upper extremity transplantation, Journal of Materials Science 2017, Band 28, S. 1–8.

Siegmund-Schultze, Nicola, Erschütterndes Maß an Manipulation, Deutsches Ärzteblatt vom 06.08.2012, im Internet unter: https://www.aerzteblatt.de/pdf.asp?id=128320 (letzter Abruf: 01.02.2018).

Siegmund-Schultze, Nicola, Lücke bei Regelung zu Gewebekomplexen, Deutsches Ärzteblatt vom 25.05.2012, im Internet unter: https://www.aerzteblatt.de/archiv/126350/Novellierung-des-Transplantationsgesetzes-Luecke-bei-Regelung-zu-Gewebekomplexen (letzter Abruf: 19.01.2018).

Siegmund-Schulze, Nicola, Erstmals komplette Arme verpflanzt, Deutsches Ärzteblatt vom 15.08.2008, im Internet unter: https://www.aerzteblatt.de/pdf.asp?id=61197 (letzter Abruf: 26.01.2018).

Siemionow, Maria/Kulahci, Yalcin/Bozkurt, Mehmet, Composite tissue allotransplantation, Plastic and Reconstructive Surgery 2009, Band 124, S. 327e–339e.

Siemionow, Maria/Papay, Frank/Alam, Daniel/Bernard, Steven/Djohan, Risal/Gordon, Chat/Hendrickson, Marc et al., Near-total human face transplantation for a severely disfigured patient in the USA, The Lancet 2009, Band 374, S. 203–209.

Siemionow, Maria/Sonmez, Erhan, Face as an organ, Annals of Plastic Surgery 2008, Band 61, S. 345–352.

Smit, Heiner/Gerling, Till/de Boer, Jan, Dringlichkeit, Erfolgsaussicht, Chancengleichheit, in: Mauer, Dietmar/Gabel, Doris (Hrsg.), Intensivmedizin und Management bei Organspende und Transplantation, 1. Auflage, Darmstadt 2006, S. 46–52.

Spickhoff, Andreas, Medizinrecht, Kommentar, 2. Auflage, München 2014 (zitiert nach Bearbeiter, in: Spickhoff, Medizinrecht).

Streinz, Rudolf, EUV/AEUV, Kommentar, 3. Auflage, München 2018 (zitiert nach Bearbeiter, in: Streinz, EUV/AEUV).

Surke, Carsten/Ducommun dit Boudry, Pascal/Vögelin, Esther, Die bionische Hand, Therapeutische Umschau 2015, Band 72, S. 487–493.

Teichner, Matthias, Anspruch auf Heilversuch und Teilhabe an medizinischer Forschung?, in: Ratajczak, Thomas/Schwarz-Schilling, Gabriela (Hrsg.), Medizinische Notwendigkeit und Ethik, 1. Auflage, Heidelberg 1999, S. 139–149.

Toepfer, Georg, Historisches Wörterbuch der Biologie, Band 2, 1. Auflage, Stuttgart 2011.

Tortora, Gerard/Derrickson, Bryan, Anatomie und Physiologie, 1. Auflage, Weinheim 2006.

Uhlmann, Berit, Zwei neue Hände für Zion, Süddeutsche Zeitung vom 19.07.2017, im Internet unter: http://www.sueddeutsche.de/gesundheit/handtransplantation-zwei-neue-haende-fuer-zion-1.3594190 (letzter Abruf: 26.01.2018).

Ulfig, Norbert, Kurzlehrbuch Histologie, 4. Auflage, Stuttgart 2015.

Vajdic, Claire/van Leeuwen, Marina, Cancer incidence and risk factors after solid organ transplantation, International Journal of Cancer 2009, Band 125, S. 1747–1754.

Vollmar, Angelika/Gerbes, Alexander, Historie und Status quo der Transplantationsmedizin, Pharmazie in unserer Zeit 2005, Band 34, S. 262–267.

Von der Groeben, Hans/Schwarze, Jürgen/Hatje, Armin, Europäisches Unionsrecht, Kommentar, 7. Auflage, Baden-Baden 2015 (zitiert nach Bearbeiter, in: Von der Groeben/Schwarze/Hatje, Europäisches Unionsrecht).

Von Leszczynski, Ulrike, Die Zahl der Organspenden sinkt dramatisch, Die Welt vom 15.01.2018, im Internet unter: https://www.welt.de/print/die_welt/politik/article172475570/Die-Zahl-der-Organspenden-sinkt-dramatisch.html (letzter Abruf: 24.01.2018).

Von Leszczynski, Ulrike/Réthy, Laura, Warum in Deutschland weniger Organe gespendet werden, Hamburger Abendblatt vom 15.01.2018, im Internet unter: https://www.abendblatt.de/ratgeber/gesundheit/article213113977/Warum-in-Deutschland-weniger-Organe-gespendet-werden.html (letzter Abruf: 24.01.2018).

Windhorst, Theodor, Für eine Widerspruchslösung?, in: Middel, Claus-Dieter/Pühler, Wiebke/Lilie, Hans/Vilmar, Karsten (Hrsg.), Förderung der Organspende – Bestandsaufnahme und Bewertung, Band 3, 1. Auflage, Köln 2012, S. 55–58.

Wolff, Eberhard, Vor 50 Jahren: Paul Niehans bringt den Begriff „Zellulartherapie" in die Öffentlichkeit, Schweizerische Ärztezeitung 2002, Band 83, S. 1726–1727.

Woodruff, Michael, Spezifische immunologische Toleranz, Klinische Wochenschrift 1958, Band 6, S. 17–245–254.

Wüthrich, Rudolf Peter, Nierentransplantation – Grundlagen, Vor- und Nachsorge, Langzeitüberwachung, 1. Auflage, Heidelberg 1991.

Die Reihe RECHT UND MEDIZIN wird von den Professoren Deutsch (†) (Göttingen), Kingreen, Kern (Leipzig), Laufs (†) (Heidelberg), Lilie (Halle a.d. Saale), Schreiber (Hannover) und Spickhoff (München) herausgegeben. Ihre Aufgabe ist es, Monographien und Dissertationen auf dem Gebiet des Medizinrechts zu veröffentlichen. Dieses Gebiet, das an Bedeutung noch zunehmen wird, umfasst auf der juristischen Seite sowohl zivilrechtliche als auch straf- und öffentlich-rechtliche Fragestellungen. Die Fragen können von der juristischen oder von der medizinischen Seite aus untersucht werden. Übergreifendes Ziel ist es, den medizinrechtlichen Fragen nicht etwa ein gängiges juristisches Denkschema überzuwerfen, sondern die besonderen Probleme der Regelung medizinischer Sachverhalte eigenständig aufzufassen und darzustellen.

Manuskriptzusendungen an die Herausgeber bitte per Brief- bzw. Paketpost. Die Adressen der Herausgeber sind:

Prof. Dr. Bernd-Rüdiger Kern (Zivilrecht, Rechtsgeschichte und Arztrecht)
Universität Leipzig
Juristenfakultät / Lehrstuhl für Bürgerliches Recht, Rechtsgeschichte
und Arztrecht
Burgstraße 27
04109 Leipzig

Prof. Dr. Hans Lilie (Strafrecht, Strafprozessrecht und Medizinrecht)
Martin-Luther-Universität Halle-Wittenberg
Juristische Fakultät: Strafrecht
Universitätsplatz 6
06108 Halle a.d. Saale
hans.lilie@jura.uni-halle.de

Prof. Dr. Dr. h.c. Hans-Ludwig Schreiber (Strafrecht und Rechtstheorie)
Grazer Str. 14
30519 Hannover

Prof. Dr. Andreas Spickhoff (Zivil- und Zivilprozessrecht, Internationales und
Vergleichendes Medizinrecht; federführender Reihenherausgeber)
Lehrstuhl für Bürgerliches Recht und Medizinrecht
Forschungsstelle für Medizinrecht
Juristische Fakultät
Ludwigstraße 29/I
80539 München

RECHT UND MEDIZIN

Band 1 Erwin Deutsch: Das Recht der klinischen Forschung am Menschen. Zulässigkeit und Folgen der Versuche am Menschen, dargestellt im Vergleich zu dem amerikanischen Beispiel und den internationalen Regelungen. 1979.

Band 2 Thomas Carstens: Das Recht der Organtransplantation. Stand und Tendenzen des deutschen Rechts im Vergleich zu ausländischen Gesetzen. 1979.

Band 3 Moritz Linzbach: Informed Consent. Die Aufklärungspflicht des Arztes im amerikanischen und im deutschen Recht. 1980.

Band 4 Volker Henschel: Aufgabe und Tätigkeit der Schlichtungs- und Gutachterstellen für Arzthaftpflichtstreitigkeiten. 1980.

Band 5 Hans Lilie: Ärztliche Dokumentation und Informationsrechte des Patienten. Eine arztrechtliche Studie zum deutschen und amerikanischen Recht. 1980.

Band 6 Peter Mengert: Rechtsmedizinische Probleme in der Psychotherapie. 1981.

Band 7 Hazel G.S. Marinero: Arzneimittelhaftung in den USA und Deutschland. 1982.

Band 8 Wolfram Eberbach. Die zivilrechtliche Beurteilung der *Humanforschung*. 1982.

Band 9 Wolfgang Deuchler: Die Haftung des Arztes für die unerwünschte Geburt eines Kindes ("wrongful birth"). Eine rechtsvergleichende Darstellung des amerikanischen und deutschen Rechts. 1984.

Band 10 Hermann Schünemann: Die Rechte am menschlichen Körper. 1985.

Band 11 Joachim Sick: Beweisrecht im Arzthaftpflichtprozeß. 1986.

Band 12 Michael Pap: Extrakorporale Befruchtung und Embryotransfer aus arztrechtlicher Sicht; insbesondere: Der Schutz des werdenden Lebens in vitro. 1987.

Band 13 Sabine Rickmann: Zur Wirksamkeit von Patiententestamenten im Bereich des Strafrechts. 1987.

Band 14 Joachim Czwalinna: Ethik-Kommissionen - Forschungslegitimation durch Verfahren. 1987.

Band 15 Günter Schirmer: Status und Schutz des frühen Embryos bei der *In-vitro*-Fertilisation. Rechtslage und Diskussionsstand in Deutschland im Vergleich zu den Ländern des angloamerikanischen Rechtskreises. 1987.

Band 16 Sabine Dönicke: Strafrechtliche Aspekte der Katastrophenmedizin. 1987.

Band 17 Erwin Bernat: Rechtsfragen medizinisch assistierter Zeugung. 1989.

Band 18 Hartmut Schulz: Haftung für Infektionen. 1988.

Band 19 Herbert Harrer: Zivilrechtliche Haftung bei durchkreuzter Familienplanung. 1989.

Band 20 Reiner Füllmich: Der Tod im Krankenhaus und das Selbstbestimmungsrecht des Patienten. Über das Recht des nicht entscheidungsfähigen Patienten, künstlich lebensverlängernde Maßnahmen abzulehnen. 1990.

Band 21 Franziska Knothe: Staatshaftung bei der Zulassung von Arzneimitteln. 1990.

Band 22 Bettina Merz: Die medizinische, ethische und juristische Problematik artifizieller menschlicher Fortpflanzung. Artifizielle Insemination, In-vitro-Fertilisation mit Embryotransfer und die Forschung an frühen menschlichen Embryonen. 1991.

Band 23 Ferdinand van Oosten: The Doctrine of Informed Consent in Medical Law. 1991.

Band 24 Stephan Cramer: Genom- und Genanalyse. Rechtliche Implikationen einer "Prädiktiven Medizin". 1991.

Band 25 Knut Schulte: Das standesrechtliche Werbeverbot für Ärzte unter Berücksichtigung wettbewerbs- und kartellrechtlicher Bestimmungen. 1992.

Band 26 Young-Kyu Park: Das System des Arzthaftungsrechts. Zur dogmatischen Klarstellung und sachgerechten Verteilung des Haftungsrisikos. 1992.

Band 27 Angela Könning-Feil: Das Internationale Arzthaftungsrecht. Eine kollisionsrechtliche Darstellung auf sachrechtsvergleichender Grundlage. 1992.

Band 28 Jutta Krüger: Der Hamburger Barmbek/Bernbeck-Fall. Rechtstatsächliche Abwicklung und haftungsrechtliche Aspekte eines medizinischen Serienschadens. 1993.

Band 29 Alexandra Goeldel: Leihmutterschaft – eine rechtsvergleichende Studie. 1994.

Band 30 Thomas Brandes: Die Haftung für Organisationspflichtverletzung. 1994.

Band 31 Winfried Grabsch: Die Strafbarkeit der Offenbarung höchstpersönlicher Daten des ungeborenen Menschen. 1994.

Band 32 Jochen Markus: Die Einwilligungsfähigkeit im amerikanischen Recht. Mit einem einleitenden Überblick über den deutschen Diskussionsstand. 1995.

Band 33 Meltem Göben: Arzneimittelhaftung und Gentechnikhaftung als Beispiele modernen Risikoausgleichs mit rechtsvergleichenden Ausblicken zum türkischen und schweizerischen Recht. 1995.

Band 34 Regine Kiesecker: Die Schwangerschaft einer Toten. Strafrecht an der Grenze von Leben und Tod – Der Erlanger und der Stuttgarter Baby-Fall. 1996.

Band 35 Doris Voll: Die Einwilligung im Arztrecht. Eine Untersuchung zu den straf-, zivil- und verfassungsrechtlichen Grundlagen, insbesondere bei Sterilisation und Transplantation unter Berücksichtigung des Betreuungsgesetzes. 1996.

Band 36 Jens-M. Kuhlmann: Einwilligung in die Heilbehandlung alter Menschen. 1996.

Band 37 Hans-Jürgen Grambow: Die Haftung bei Gesundheitsschäden infolge medizinischer Betreuung in der DDR. 1997.

Band 38 Julia Röver: Einflußmöglichkeiten des Patienten im Vorfeld einer medizinischen Behandlung. Antezipierte Erklärung und Stellvertretung in Gesundheitsangelegenheiten. 1997.

Band 39 Jens Göben: Das Mitverschulden des Patienten im Arzthaftungsrecht. 1998.

Band 40 Hans-Jürgen Roßner: Begrenzung der Aufklärungspflicht des Arztes bei Kollision mit anderen ärztlichen Pflichten. Eine medizinrechtliche Studie mit vergleichenden Betrachtungen des nordamerikanischen Rechts. 1998.

Band 41 Meike Stock: Der Probandenschutz bei der medizinischen Forschung am Menschen. Unter besonderer Berücksichtigung der gesetzlich nicht geregelten Bereiche. 1998.

Band 42 Susanne Marian: Die Rechtsstellung des Samenspenders bei der Insemination / IVF. 1998.

Band 43 Maria Kasche: Verlust von Heilungschancen. Eine rechtsvergleichende Untersuchung. 1999.

Band 44 Almut Wilkening: Der Hamburger Sonderweg im System der öffentlich-rechtlichen Ethik-Kommissionen Deutschlands. 2000.

Band 45 Jonela Hoxhaj: Quo vadis Medizintechnikhaftung? Arzt-, Krankenhaus- und Herstellerhaftung für den Einsatz von Medizinprodukten. 2000.

Band 46 Birgit Reuter: Die gesetzliche Regelung der aktiven ärztlichen Sterbehilfe des Königreichs der Niederlande – ein Modell für die Bundesrepublik Deutschland? 2001. 2. durchgesehene Auflage 2002.

Band 47 Klaus Vosteen: Rationierung im Gesundheitswesen und Patientenschutz. Zu den rechtlichen Grenzen von Rationierungsmaßnahmen und den rechtlichen Anforderungen an staatliche Vorhaltung und Steuerung im Gesundheitswesen. 2001.

Band 48 Bong-Seok Kang: Haftungsprobleme in der Gentechnologie. Zum sachgerechten Schadensausgleich. 2001.

Band 49 Heike Wachenhausen: Medizinische Versuche und klinische Prüfung an Einwilligungsunfähigen. 2001.

Band 50 Thomas Hasenbein: Einziehung privatärztlicher Honorarforderungen durch Inkassounternehmen. 2002.

Band 51 Oliver Nowak: Leitlinien in der Medizin. Eine haftungsrechtliche Betrachtung. 2002.

Band 52 Christina Herrig: Die Gewebetransplantation nach dem Transplantationsgesetz. Entnahme – Lagerung – Verwendung unter besonderer Berücksichtigung der Hornhauttransplantation. 2002.

Band 53 Matthias Nagel: Passive Euthanasie. Probleme beim Behandlungsabbruch bei Patienten mit apallischem Syndrom. 2002.

Band 54 Miriam Ina Saati: Früheuthanasie. 2002.

Band 55 Susanne Schneider: Rechtliche Aspekte der Präimplantations- und Präfertilisationsdiagnostik. 2002.

Band 56 Uta Oelert: Allokation von Organen in der Transplantationsmedizin. 2002.

Band 57 Jens Muschner: Die haftungsrechtliche Stellung ausländischer Patienten und Medizinalpersonen in Fällen sprachbedingter Mißverständnisse. 2002.

Band 58 Rüdiger Wolfrum / Peter-Tobias Stoll / Stephanie Franck: Die Gewährleistung freier Forschung an und mit Genen und das Interesse an der wirtschaftlichen Nutzung ihrer Ergebnisse. 2002.

Band 59 Frank Hiersche: Die rechtliche Position der Hebamme bei der Geburt. Vertikale oder horizontale Arbeitsteilung. 2003.

Band 60 Hartmut Schädlich: Grenzüberschreitende Telemedizin-Anwendungen: Ärztliche Berufserlaubnis und Internationales Arzthaftungsrecht. Eine vergleichende Darstellung des deutschen und US-amerikanischen Rechts. 2003.

Band 61 Stefanie Diettrich: Organentnahme und Rechtfertigung durch Notstand? Zugleich eine Untersuchung zum Konkurrenzverhältnis von speziellen Rechtfertigungsgründen und rechtfertigendem Notstand gem. § 34 StGB. 2003.

Band 62 Anne Elisabeth Stange: Gibt es psychiatrische Diagnostikansätze, um den Begriff der schweren anderen seelischen Abartigkeit in §§ 20, 21 StGB auszufüllen? 2003.

Band 63 Christiane Schief: Die Zulässigkeit postnataler prädiktiver Gentests. Die Biomedizin-Konvention des Europarats und die deutsche Rechtslage. 2003.

Band 64 Maike C. Erbsen: Praxisnetze und das Berufsrecht der Ärzte. Der Praxisverbund als neue Kooperationsform in der ärztlichen Berufsordnung. 2003.

Band 65 Markus Schreiber: Die gesetzliche Regelung der Lebendspende von Organen in der Bundesrepublik Deutschland. 2004.

Band 66 Thela Wernstedt: Sterbehilfe in Europa. 2002.

Band 67 Axel Thias: Möglichkeiten und Grenzen eines selbstbestimmten Sterbens durch Einschränkung und Abbruch medizinischer Behandlung. Eine Untersuchung aus straf- und betreuungsrechtlicher Perspektive unter besonderer Berücksichtigung der Problematik des apallischen Syndroms. 2004.

Band 68 Jutta Müller: Ärzte und Pflegende, die keine Organe spenden wollen. Transplantatmangel muss nicht sein. 2004.

Band 69 Ihna Link: Schwangerschaftsabbruch bei Minderjährigen. Eine vergleichende Untersuchung des deutschen und englischen Rechts. 2004.

Band 70 Susann Tiebe: Strafrechtlicher Patientenschutz. Die Bedeutung des Strafrechts für die individuellen Patientenrechte. 2005.

Band 71 Jörg Gstöttner: Der Schutz von Patientenrechten durch verfahrensmäßige und institutionelle Vorkehrungen sowie den Erlass einer Charta der Patientenrechte. 2005.

Band 72 Oliver Jürgens: Die Beschränkung der strafrechtlichen Haftung für ärztliche Behandlungsfehler. 2005.

Band 73 Stephanie Gropp: Schutzkonzepte des werdenden Lebens. 2005.

Band 74 Clemens Winter: Robotik in der Medizin. Eine strafrechtliche Untersuchung. 2005.

Band 75 Barbara Eck: Die Zulässigkeit medizinischer Forschung mit einwilligungsunfähigen Personen und ihre verfassungsrechtlichen Grenzen. Eine Untersuchung der Rechtslage in Deutschland und rechtsvergleichenden Elementen. 2005.

Band 76 Anastassios Kantianis: Palliativmedizin als Sterbebegleitung nach deutschem und griechischem Recht. 2005.

Band 77 Ulrike Morr: Zulässigkeit von Biobanken aus verfassungsrechtlicher Sicht. 2005.

Band 78 Nora Markus: Die Zulässigkeit der Sectio auf Wunsch. Eine medizinische, ethische und rechtliche Betrachtung. 2006.

Band 79 Michael Benedikt Nagel: Die ärztliche Behandlung Neugeborener – Früheuthanasie. 2006.

Band 80 Regina Leitner: Sterbehilfe im deutsch-spanischen Rechtsvergleich. 2006.

Band 81 Martin Berger: Embryonenschutz und Klonen beim Menschen – Neuartige Therapiekonzepte zwischen Ethik und Recht. Ansätze zur Entwicklung eines neuen Regelungsmodells für die Bundesrepublik Deutschland. 2007.

Band 82 Amelia Kuschel: Der ärztlich assistierte Suizid. Straftat oder Akt der Nächstenliebe? 2007.

Band 83 Hans-Ludwig Schreiber / Hans Lilie / Henning Rosenau / Makoto Tadaki / Un Jong Pak (Hrsg.): Globalisierung der Biopolitik, des Biorechts und der Bioethik? Das Leben an seinem Anfang und an seinem Ende. 2007.

Band 84 Ralf Clement: Der Rechtsschutz der potentiellen Organempfänger nach dem Transplantationsgesetz. Zur rechtlichen Einordnung der verteilungsrelevanten Regelungen zwischen öffentlichem und privatem Recht. 2007.

Band 85 Sabine Lebert: Humanes Überschußgewebe – Möglichkeit der Verwendung für die Forschung? Analyse der rechtlichen, ethischen und biomedizinischen Voraussetzungen im Ländervergleich. 2007.

Band 86 Dietrich Wagner: Der gentechnische Eingriff in die menschliche Keimbahn. Rechtlich-ethische Bewertung. Nationale und internationale Regelungen im Vergleich. 2007.

Band 87 Britta Vogt: Methoden der künstlichen Befruchtung: „Dreierregel" versus „Single Embryo Transfer". Konflikt zwischen Rechtslage und Fortschritt der Reproduktionsmedizin in Deutschland im Vergleich mit sieben europäischen Ländern. 2008.

Band 88 Sebastian Rosenberg: Die postmortale Organtransplantation. Eine „gemeinschaftliche Aufgabe" nach § 11 Abs. 1 S. 1 Transplantationsgesetz. Kompetenzen und Haftungsrisiken im Rahmen der Organspende. 2008.

Band 89 Julia Susanne Sundmacher: Die unterlassene Befunderhebung des Arztes. Eine Auseinandersetzung mit der Rechtsprechung des BGH. 2008.

Band 90 Martin Schwee: Die zulassungsüberschreitende Verordnung von Fertigarzneimitteln (Off-Label-Use). Eine Untersuchung vorwiegend im Bereich des Rechts der Gesetzlichen Krankenversicherung unter besonderer Berücksichtigung der sozialgerichtlichen Rechtsprechung. 2008.

Band 91 Jorge Guerra González: Xenotransplantation: Prävention des xenogenen Infektionsrisikos. Eine Untersuchung zum deutschen und spanischen Recht. 2008.

Band 92 Ulrike Beitz: Zur Reformbedürftigkeit des Embryonenschutzgesetzes. Eine medizinisch-ethisch-rechtliche Analyse anhand moderner Fortpflanzungstechniken. 2009.

Band 93 Dunja Lautenschläger: Der Status ausländischer Personen im deutschen Transplantationssystem. 2009.

Band 94 Annekatrin Habicht: Sterbehilfe – Wandel in der Terminologie. Eine integrative Betrachtung aus der Sicht von Medizin, Ethik und Recht. 2009.

Band 95 Ann-Kathrin Hirschmüller: Internationales Verbot des Humanklonens. Die Verhandlungen in der UNO. 2009.

Band 96 Henrike John: Die genetische Veränderung des Erbgutes menschlicher Embryonen. Chancen und Grenzen im deutschen und amerikanischen Recht. 2009.

Band 97 Christof Stock: Die Indikation in der Wunschmedizin. Ein medizinrechtlicher Beitrag zur ethischen Diskussion über „Enhancement". 2009.

Band 98 Jochen Böning: Kontrolle im Transplantationsgesetz. Aufgaben und Grenzen der Überwachungs- und der Prüfungskommission nach den §§ 11 und 12 TPG. 2009.

Band 99 Stefanie Schulte: Die Rechtsgüter des strafbewehrten Organhandelsverbotes. Zum Spannungsfeld von Selbstbestimmungsrecht und staatlichem Paternalismus. 2009.

Band 100 Dorothea Maria Tachezy: Mutmaßliche Einwilligung und Notkompetenz in der präklinischen Notfallmedizin. Rechtfertigungsfragen und Haftungsfolgen im Notarzt- und Rettungsdienst. 2009.

Band 101 Annette Hergeth: Rechtliche Anforderungen an das IT-Outsourcing im Gesundheitswesen. 2009.

Band 102 Jussi Raafael Mameghani: Der mutmaßliche Wille als Kriterium für den ärztlichen Behandlungsabbruch bei entscheidungsunfähigen Patienten und sein Verhältnis zum Betreuungsrecht. 2009.

Band 103 Ocka Anna Böhnke: Die Kommerzialisierung der Gewebespende. Eine Erörterung des Resourcenmangels in der Transplantationsmedizin unter besonderer Berücksichtigung der Widerspruchslösung. 2010.

Band 104 Bernd-Rüdiger Kern / Hans Lilie (Hrsg.): Jurisprudenz zwischen Medizin und Kultur. Festschrift zum 70. Geburtstag von Gerfried Fischer. 2010.

Band 105 Ehsan Mohammadi-Kangarani: Die Richtlinien der Organverteilung im Transplantationsgesetz – verfassungsgemäß? 2011.

Band 106 Leonie Hübner: Umfang und Grenzen des strafrechtlichen Schutzes des Arztgeheimnisses nach § 203 StGB. 2011.

Band 107 Dörte Busch: Eigentum und Verfügungsbefugnisse am menschlichen Körper und seinen Teilen. 2012.

Band 108 Kathrin Decker: Der Abbruch intensivmedizinischer Maßnahmen in den Ländern Österreich und Deutschland. 2012.

Band 109 Sung-Ku Yoon: Der Unterhalt für ein Kind als Schaden. Eine rechtsvergleichende Darstellung zur deutschen und südkoreanischen Rechtslage hinsichtlich der Arzthaftung für neugeborenes Leben. 2012.

Band 110 Kerstin Bohne: Delegation ärztlicher Tätigkeiten. 2012.

Band 111 Moritz Ulrich: Durchbrechungen der Allokationskriterien des § 12 Abs. 3 TPG. Das „old for old"-Programm. 2012.

Band 112 Chonghan Oh: Die Strafbarkeit der Erforschung des menschlichen Embryos durch Klontechniken. 2013.

Band 113 Sebastian T. Vogel: Organentnahmen bei hirntoten Schwangeren. Oder: Sterbehilfe am Lebensanfang? 2013.

Band 114 Jung-Ho Lee: Die aktuellen juristischen Entwicklungen in der PID und Stammzellforschung in Deutschland. Eine Analyse der BGH-Entscheidung zur PID, Gesetzesnovellierung des EschG und EuGH-Entscheidung zur Grundrechtsfähigkeit des Embryo in vitro. 2013.

Band 115 Claudia Beetz: Stellvertretung als Instrument der Sicherung und Stärkung der Patientenautonomie. Ein Beitrag zur Komplementarität von Zivil- und Sozialrecht. 2013.

Band 116 Hans-Ludwig Schreiber: Schriften zur Rechtsphilosophie, zum Strafrecht und zum Medizin- und Biorecht. Herausgegeben von Hans Lilie und Henning Rosenau. 2013.

Band 117 Sebastian Müller: Die Aufklärung des Organspendeempfängers über Herkunft und Qualität des zu transplantierenden Organs. Ärztliche Pflichten im Spannungsfeld zwischen Standardbehandlung und Neulandmedizin. 2013.

Band 118 Bernd-Rüdiger Kern (Hrsg.): Das Gendiagnostikgesetz – Rechtsfragen der Humangenetik. 2013.

Band 119 Martina Resch: Die empfängergerichtete Organspende. Im Kontext der bedingten Einwilligung in die Organentnahme. 2014.

Band 120 Anja Houben: Die Rechtsformen des Universitätsklinikums. 2014.

Band 121 Nina Gott: Schnittstellen zwischen Organ- und Gewebespende. 2014.

Band 122 Hyung Sun Kim: Haftung wegen Bruchs der ärztlichen Schweigepflicht in Deutschland und in Korea. Eine vergleichende Untersuchung. 2015.

Band 123 Kerstin Badorff: Abrechnungsbetrug von ambulanten Pflegediensten und Vertragsärzten. Eine Untersuchung unter Berücksichtigung der streng formalen Betrachtungsweise des Sozialversicherungsrechts. 2016.

Band 124 Catharina Herzog: Mediation im Gesundheitswesen. Außergerichtliche Streitbeilegung bei Arzthaftungskonflikten. 2016.

Band 125 Piotr Tyczynski: Verfügungsbefugnisse an menschlichen Körpergeweben unter besonderer Berücksichtigung des Transplantationsgesetzes. 2016.

Band 126 Samantha Volkmann: Rechtliche Herausforderungen der Nanotechnologie im Arzneimittelrecht. 2017.

Band 127 Rainer Hellweg: Subsidiarität der Lebendorganspende. 2017.

Band 128 Roman Lammers: Leihmutterschaft in Deutschland. Rechtfertigen die Menschenwürde und das Kindeswohl ein striktes Verbot? 2017.

Band 129 Marius Glaubitz: Widersprüche im Regelungskomplex der genetischen Frühdiagnostik – eine verfassungsrechtliche Analyse. 2018.

Band 130 Lukas Böttcher: Die Strafbarkeit von Zuweisungsvergütungen für Krankenhauseinweisungen im System der Gesetzlichen Krankenversicherung. 2018.

Band 131   Philip Klusen: Rechtliche Fragen bei der Transplantation von Vascularized Composite Allografts (VCA) 2018.

www.peterlang.com

www.ingramcontent.com/pod-product-compliance
Ingram Content Group UK Ltd.
Pitfield, Milton Keynes, MK11 3LW, UK
UKHW021829210426
5322IPUK00004B/93